Jürgen Stock

Die Verzauberung des AugenBlicks

Mit 3D-Bildern

zu erweiterter

Wahrnehmung

Verlag Hermann Bauer
Freiburg im Breisgau

Die Deutsche Bibliothek – CIP-Einheitsaufnahme

Stock, Jürgen:
Die Verzauberung des Augenblicks : mit 3-D-Bildern
zu erweiterter Wahrnehmung / Jürgen Stock. –
Freiburg im Breisgau : Bauer 1995
   ISBN 3-7626-0496-7

1. Auflage 1995
ISBN 3-7626-0496-7
© 3D-Bilder & Text 1995 by
Verlag Hermann Bauer KG, Freiburg im Breisgau
Bilderteam: Netzwerk 3D-Art, Würzburg
Einband: Netzwerk 3D-Art und Markus Nies-Lamott
Satz: Markus Nies-Lamott, Freiburg im Breisgau
Druck und Bindung: Kösel GmbH, Kempten
Printed in Germany

Gedruckt auf chlorfrei gebleichtem Papier

Inhalt

Statt eines Vorwortes

Dieses Buch handelt von Ihnen.
Von Ihren Augen und Ihrer Wahrnehmung.
Es will Sie an dem Punkt treffen,
an dem Sie am empfindlichsten sind:
im Bereich Ihrer eigenen Erfahrung.
Nur um diese geht es im folgenden.

Einleitung

Gleich zu Beginn ein Versuch, den roten Faden, der sich in allen erdenklichen Variationen durch das gesamte Buch hindurchziehen wird, in einem Satz zusammenzufassen: »Das Problem unserer Kultur, ja fast der gesamten menschlichen Zivilisation, ist ein Problem der Wahrnehmung.«

Unsere Sprache bietet uns – wenn sie denn tiefer als gewöhnlich verstanden wird – beim Verständnis dieser These einige wertvolle Anhaltspunkte. Gehen wir z.B. der Bedeutung des Wortes Wahrnehmung etwas genauer auf den Grund, taucht ein entscheidender Schlüssel zum Verständnis komplexer, den Kerngedanken des Buchs betreffender Zusammenhänge auf.

Wir nehmen *wahr*, was wir wahrnehmen. Oder: Mit unserer Wahrnehmung nehmen wir Wahrheit in uns auf. Offensichtlich will uns das Wort *Wahr*nehmung daran erinnern, daß Wahrheit in unserer ach so subjektiven Wahrnehmung steckt und daß gerade in dieser Subjektivität Hinweise auf die multidimensionalen Aspekte der Realität verborgen liegen. Das Leben läßt sich nicht von Modellen und Begriffen einfangen und in einer letztendlichen Wahrheit ausformulieren, sei diese auch noch so komplex und wohlüberlegt. Vom Thema Wahrnehmung ist es kein weiter Weg zu unseren Sinnen, mittels derer wir ja in Kontakt zur Welt treten und diese wahrnehmen. Und so öffnen sich auch hier die Pforten der Weisheit unserer Sprache: die SINNe.

Ist es nicht wahrscheinlich, daß uns dieses Wort darauf hinweisen will, daß sich der SINN des Lebens direkt über unsere SINNe erfahren läßt, in einer umfassenden SINNfindung sozusagen? Etwas ist SINNvoll (!), UnSINN, SchwachSINN, usw. Der Beispiele sind da viele, und immer weisen sie in die gleiche Richtung, hin zu dem, was uns am meisten vertraut zu sein scheint und trotz – oder gerade wegen – seiner offensichtlichen Bedeutung völlig verkannt wird: *unsere SINNe als Tore zum Sein.*

Ein zentrales Anliegen dieses Buches ist es, Sie, liebe Leserin und lieber Leser, wieder in Berührung mit Ihrer optischen Wahrnehmung zu bringen und damit zur Weisheit Ihres ureigenen AugenBlicks. Die intensive Beschäftigung mit den 3D-Bildern kann Sie für das Wunder Ihrer optischen Wahrnehmung *sens*ibilisieren (jemand ist sensibel, wenn er seine Sinne geöffnet hat!) und wieder das Staunen lehren, wie unglaublich reichhaltig die Welt erstrahlt, ist sie erst einmal vom blassen Staube getrübter Sinneseindrücke befreit.

So bilden dann auch die Übungen, Meditationen und Experimente das Herzstück dieses Buchs. Alle theoretischen Überlegungen können und sollen Ihnen nur Hilfestellungen sein.

Allein – was zählt, sind Ihre Erfahrungen.

Das Bild des Forschers, das am Rande jedes Experiments auftaucht, soll Sie daran erinnern, daß dieses Buch sein Ziel verfehlt, wenn es nur gelesen wird. Um wirklich Veränderungen in Ihrem Bewußtsein zu bewerkstelligen, müssen Sie die angeführten Übungen auch im Labor Ihres Nervensystems durchführen. Dann aber kann dieses Buch etwas in Ihnen in Bewegung setzen, das Ihr ganzes Leben bereichern wird.

Noch ein Wort zu den Bildkarten: Am Ende des Buches finden Sie 20 Cyberoptics, die sehr mächtige Symbole enthalten. Diese können bei einer Meditation in der dritten Dimension nachhaltigen Einfluß auf Ihr Bewußtsein ausüben; lassen Sie sich deshalb etwas Zeit, um mit ihnen zu experimentieren. Nur dann entfalten sie ihre volle Wirkung.

Die Bilder sind nach aufsteigendem Schwierigkeitsgrad geordnet.

Sie finden auf der Rückseite der Bildkarten Hinweise zur verwendeten Symbolik und die in der dritten Dimension versteckten Tiefenbilder. Alles weitere liegt in Ihren Händen, oder besser – Augen.

Dieses Buch ist das erste überhaupt, welches sich auf dieser breiten Basis mit dem Phänomen der magischen Bilder auseinandersetzt. Sie finden darin eine Menge Informationen und Anregungen, die Sie zu einer völlig neuen, geheimnisvollen und faszinierenden Art des SEHENS führen können. In allererster Linie soll Ihnen dieses Buch Freude und Spaß bereiten und spielerisch-leicht neue Ein-Sichten vermitteln, die wesentlich wertvoller sind, als es 1000 Worte und Beschreibungen je sein könnten.

Kapitel 1

Techniken des magischen Blicks

Einführung

1. Schritt: Entspannung

Eine der wichtigsten Grundvoraussetzungen zum Erlernen des magischen Blicks ist die Fähigkeit, die Augenmuskulatur zu entspannen. Um dies zu erreichen, gibt es eine Reihe von Möglichkeiten. Rollen Sie Ihre Augen! Schauen Sie nach oben, unten, links, rechts, bewegen Sie beide Augen im Uhrzeigersinn, dann in der entgegengesetzten Richtung usw. Unsere Augen werden von der Augenmuskulatur gehalten und bewegt, und diese ist infolge der geradezu kläglichen Unterforderung bei vielen Menschen reichlich verkümmert. Die meisten Menschen gebrauchen ihre Augen meist nur auf sehr eingeschränkte Weise, und da ist es kein Wunder, wenn unsere Augen einen Großteil ihrer möglichen Flexibilität eingebüßt haben.

2. Schritt: Aktivität

Mit unseren Augenmuskeln verhält es sich nicht anders als mit allen anderen Muskeln unseres Körpers: Bewegt und fordert man sie, werden sie stark und flexibel. Trainiert man sie nicht, verkümmern und versteifen sie und bauen sogar Muskelmasse ab. Nachdem Sie nun Ihre Augenmuskeln ein wenig gereckt und gestreckt haben und sich auf dem besten Weg befinden, Gewinner der Goldmedaille in der Disziplin »Weit- und Durchblick« zu werden, gehen wir einen Schritt weiter.

»Ach Mieze! Wie schön das wäre, wenn wir in das Spiegelhaus hinüber könnten! Sicherlich gibt es dort, ach! so herrliche Dinge zu sehen! Tun wir doch so, als ob aus dem Glas ein weicher Schleier geworden wäre, daß man hindurchsteigen könnte. Aber es wird ja tatsächlich zu einer Art Nebel! Da kann man mit Leichtigkeit durch ...«

Lewis Carroll[1]

3. Schritt: Das doppelte Lottchen

Wenn Sie zunächst einen Gegenstand betrachten, der unmittelbar vor Ihnen liegt und danach Ihr Augenmerk auf ein weiter entferntes Objekt richten, werden Sie ganz schnell ein Gefühl für die Fähigkeit Ihrer Augen bekommen, sich auf verschieden weit entfernte Fixationspunkte einzustellen. Sie werden bei dieser Übung folgende interessante Beobachtung machen: Während Sie Ihren Blick auf … sagen wir mal, Ihren ca. 15 cm entfernten Zeigefinger gerichtet halten, erscheint Ihnen ein beliebiges, hinter Ihrem Finger befindliches Objekt – doppelt. Und genau dieses Phänomen ist es, das uns stereoskopisches Sehen ermöglicht. In den magischen Bildern ist diese von Ihnen gerade erlebte Aufspaltung quasi vorweggenommen und verschmilzt bei richtigem Hinsehen zu einem dreidimensionalen Bild. Sind Sie in der Lage, diese Verdoppelung wahrzunehmen, dann können Sie grundsätzlich auch die Stereogramme durchschauen. Allerdings gibt es in manchen Fällen durchaus ein paar psychologische Hemmschwellen beim Erlernen des Stereoblicks. Aber keine Angst, wir werden alle nur erdenklichen Hindernisse mit Geduld und Spucke aus dem Weg räumen.

4. Schritt: Wieder sehen wie ein Kind

Bleiben Sie beim Betrachen der Bilder in jedem Falle ruhig und entspannt, falls Sie die dritte Dimension nicht gleich erreichen. Sie werden auch auf dem Weg dahin sehr viel Neues und Interessantes über die Funktionsweise Ihres Sehsinnes erfahren. Denken Sie daran: Der Weg ist das Ziel, und das ist eine von den Redewendungen, die oft gebraucht und trotzdem noch gut sind. Je gelassener Sie an die ganze Sache herangehen, desto einfacher wird sie sich gestalten. Lassen Sie die Bilder sich gleichsam vor Ihren Augen entfalten, so wie sich die Welt vor Ihrem Blick entfaltet hat, als Sie noch ein Kind waren, ganz leicht und spielerisch, durch Tun im Nicht-Tun. Der stereo-optische Blick gehört zu Ihren natürlichen Fähigkeiten und Anlagen, außer Sie haben irgendwelche schwerwiegenden Probleme mit den Augen. Aber selbst Menschen mit Sehschwierigkeiten können in der Vielzahl der Fälle lernen, die Bilder zu sehen und sogar von deren natürlicher Heilkraft profitieren. Doch dazu später mehr. Bekommen Sie beim Üben Kopfschmerzen, Stechen in den Augen oder tränende Augen: Legen Sie doch eine Pause ein, entspannen Sie sich und versuchen Sie das Ganze später noch einmal. Um diese Bilder zu sehen, bedarf es keiner Anstrengung; ebensowenig wie es einer Anstrengung bedarf, nach erholsamem Schlaf früh die Augen zu öffnen und nach dem langen Dunkel der Nacht den Tag in neuem Licht erstrahlen zu sehen.

Konvergentes und divergentes Sehen

Beim stereoskopischen Sehen gibt es zwei grundlegend verschiedene Techniken: das konvergente und das divergente Sehen. Die Erfahrung zeigt, daß die meisten Menschen die eine oder andere Sehweise schneller und leichter erlernen und nach diesem ersten Erfolgserlebnis dann auch mit der anderen Form keine Probleme mehr haben, weil sie dann wissen, worauf es beim Schauen ankommt. Deshalb üben Sie einfach *die* Technik, die sich leicht und richtig für Sie anfühlt und Ihren Möglichkeiten am besten entspricht. Die andere Sehweise wird sich ebenso leicht dazugesellen. Haben Sie das magische Sehen erst einmal gemeistert, werden Sie es nie mehr verlernen. Im Gegenteil: Im Laufe der Zeit werden Ihre Augen eine immer größer werdende Flexibilität entwickeln und selbst die unterschiedlichsten Herausforderungen und Schwierigkeitsgrade des Sehens leicht und mühelos bewältigen.

Anleitung zum magischen Sehen

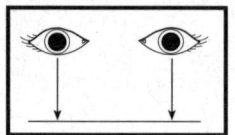

Methode 1: Die Paralleltechnik
(divergentes Sehen)

Die Blickrichtung beider Augen steht dabei parallel zueinander.

a)

Schauen Sie auf einen ca. 2 m entfernten Gegenstand, und schieben Sie dann das Bild zwischen Ihr Gesicht und den anvisierten Punkt. Der Abstand zu Ihren Augen sollte dabei ca. 30 – 40 cm betragen. Der genaue Wert ist individuell und eine Experimentiersache. Bewegen Sie das Bild leicht vor und zurück; haben Sie die richtige Entfernung gefunden, stellt sich der dreidimensionale Effekt fast wie von selbst ein. Sie schauen dann praktisch durch das Bild hindurch in die Ferne.

b)

Halten Sie das Bild direkt vor Ihre Nasenspitze; Sie sehen es jetzt nur verschwommen. Dann bewegen Sie es langsam (ca. 1 cm pro Sekunde) von Ihrem Gesicht weg und halten den Blick weiterhin hinter das Bild gerichtet. Zuerst bekommen die Farben eine leuchtende Qualität und kurz darauf – sind Sie in der 3. Dimension!

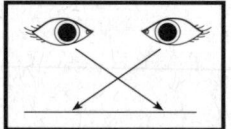

Methode 2: Die Schieltechnik
(konvergentes Sehen)

Hierbei kreuzen sich die Blickrichtungen beider Augen.

a)

Halten Sie einen Finger auf halbe Entfernung zwischen sich und das Bild und fokussieren Sie Ihre Fingerspitze, halten aber dabei Ihre »zweite Aufmerksamkeit« auf das Bild selbst gerichtet. Spielen Sie ein wenig mit der Entfernung Finger/Bild, und wenn Sie die richtige

Position gefunden haben, springt Ihnen (erschrecken Sie nicht!) ein dreidimensionales Objekt entgegen.

b)

Schielen Sie auf Ihre Nasenspitze und halten Sie dabei das Bild ca. 30 cm vor Ihr Gesicht. Dann lassen Sie langsam (!) den Blickfokus wieder in seine ursprüngliche Position gleiten; kurz bevor er seine Ausgangsposition erreicht hat, sind Sie in der 3. Dimension.

Bei all diesen Anweisungen sollten Sie vor allem an eines denken: Je gelassener und entspannter Sie an die ganze Sache herangehen, desto eher werden Sie in die verborgene und geheimnisvolle Welt der 3. Dimension eintauchen können. Diese Bilder sollen Ihnen in erster Linie Freude bereiten, und wenn jemand anders die Bilder schon sehen kann, während Sie noch am Experimentieren sind: Haben Sie ein wenig Geduld. Ich verspreche Ihnen: Es lohnt sich!

Die Hilfspunkte

Um Ihnen den Einstieg ins dreidimensionale Sehen so leicht wie nur irgend möglich zu machen, sind die Bilder in diesem Buch mit jeweils zwei schwarzen Hilfspunkten versehen, die im Grunde die in der Tiefe des Bildes versteckten Teilinformationen symbolisieren. Bringen Sie diese beiden Punkte zum Überlappen, so daß daraus ein dritter entsteht, haben Sie auch schon die 3. Dimension im eigentlichen Bild erzeugt. Wenn Ihr Blick anfängt, die Oberfläche des Bildes zu verlassen, werden aus den zwei Punkten vier, wobei sich die beiden mittleren aufeinander zu bewegen. Die Punkte haben in diesem Stadium eine unscharfe, flirrende Qualität. Nun geht es darum, die beiden mittleren Punkte zu einem einzigen zu verschmelzen und so aus den vier Punkten drei zu machen. Dieser dritte Punkt erscheint dann, allem Schielen zum Trotz, gestochen scharf und besitzt dabei eine merkwürdige, aus sich selbst heraus leuchtende Transparenz. Wenn Sie nun Ihren Blick weiterhin auf die Punkte gerichtet lassen, Ihre zweite Aufmerksamkeit (d.h. Ihren peripheren Blick) aber dabei auf das eigentliche Bild richten, werden Sie schon die ersten dreidimen-

Abbildung Nr. 1

sionalen Strukturen erkennen. Alles weitere ist dann nur noch ein Kinderspiel, und im Laufe der Zeit werden Sie die Hilfspunkte nicht mehr benötigen, so wie Sie beim Fahrradfahrenlernen bald auf die anfänglichen Stützräder als Hilfsmittel verzichten konnten.

Weitere Versuche zum divergenten Sehen

1.

Legen Sie eine beliebige Tafel vor sich hin und schauen Sie von oben herab geradeaus auf das Bild. Stellen Sie dann ein Stück Pappe oder eine Spielkarte zwischen die beiden Hilfspunkte, so daß Sie mit dem rechten Auge den linken Punkt und mit dem linken Auge den rechten Punkt nicht mehr sehen können. Schauen Sie weiter geradeaus; die beiden Punkte verschmelzen zu einem einzigen. Entfernen Sie dann diese künstlich errichtete Mauer ganz vorsichtig. Der dritte Punkt sollte dann immer noch vorhanden sein. Danach richten Sie Ihre periphere Aufmerksamkeit wieder langsam auf das Bild, das inzwischen in der 3. Dimension entstanden ist.

2.

Legen Sie zwei gleiche Münzen im Abstand der beiden Hilfspunkte mitten in das Bild und verfahren Sie dann wie schon bei der Technik mit den Hilfspunkten beschrieben. Die dritte Dimension wird sich daraufhin gewissermaßen um die Münzen herumranken, und es entsteht ein interessanter optischer Effekt: Die beiden Münzen sind nun ein integrativer Bestandteil des Bildes. (Sie erleben in diesem Fall eine Kombination aus Stereoskopie und Stereogrammtechnik.)

3.

Diese Technik ähnelt ein wenig der unter 1b) beschriebenen, bezieht aber die Hilfspunkte noch mit ein. Halten Sie die Tafel an Ihre Nasenspitze und schauen Sie dabei in die Ferne. Dann bewegen Sie das Buch langsam von der Nase weg (ca. 1 cm pro Sekunde). Während

Sie das Buch langsam von sich weg bewegen, streben die zwei mittleren der vier Hilfspunkte aufeinander zu. In einer bestimmten Entfernung werden aus den vier Punkten drei und *voilà!* – da ist sie, die dritte Dimension!

4.

Basteln Sie sich eine »Durchblickmaschine«! Wie? Ganz einfach. Nehmen Sie ein billiges Cyberoptic, vielleicht eine Postkarte, an der nicht gerade Ihr Herz hängt, und schneiden Sie in die Mitte ein Loch von ca. 2 cm Durchmesser. Halten Sie dann das Bild auf halber Armlänge vor Ihr Gesicht, und fixieren Sie durch das Guckloch einen Punkt, der so ungefähr 1 – 2 m hinter dem Bild liegen sollte. Wenn Sie nach ein bißchen Experimentieren den für Sie richtigen Abstand gefunden haben, steht die dritte Dimension um das Loch herum Spalier.

5.

Verwenden Sie eine von den Tafeln, und befestigen Sie sie hinter Glas, z.B. einem Fenster, aber so, daß die Glasoberfläche über dem Bild liegt. Wenn Sie nun Ihr eigenes Spiegelbild betrachten, verwenden Sie genau die Blicktechnik, die es braucht, um ein 3D-Surfer zu werden, da Sie ja – um Ihr Gegenüber zu sehen – durch die Oberfläche des spiegelnen Glases schauen müssen. Sie können für diese Methode auch eine Klarsichtfolie oder ähnliches verwenden.

6.

Hier ist noch eine Methode für ganz besonders hartnäckige Fälle, denen es partout nicht gelingen will, die Bilder zum Tanzen zu bringen. Besorgen Sie sich ein Fernglas! Stellen Sie sich damit ca. 2 – 3 m vor das Bild, und gucken Sie durch die Röhre. Oft materialisiert sich – auf mir allerdings bisher verborgen gebliebene Art und Weise – dann spontan die 3. Dimension! Da diese Methode auf ein unerlaubtes Hilfsmittel zurückgreift, darf sie auch nur von den Unglücklichen unter Ihnen verwendet werden, die schon am Rande der Kapitulation stehen. Auf, auf Freunde, noch ein letzter Versuch! Wenn das nicht hilft, dann hilft nur beten.

Weitere Versuche zum konvergenten Sehen

1.

Bilden Sie einen Kreis aus Daumen und Zeigefinger (das symbolische o.k.-Zeichen), und halten Sie dann Ihre so geformte Hand zwischen Auge und Bild. Dann schließen Sie abwechselnd das eine und das andere Auge, korrigieren dabei die Entfernung Ihrer Hand zum Buch, bis Sie mit dem rechten Auge den linken Hilfspunkt und mit dem linken Auge den rechten Hilfspunkt in der Mitte der Kreises haben. Öffnen Sie dann beide Augen, und fixieren Sie die Mitte des Kreises. Dabei erscheint ein einziger Punkt, der über dem Bild zu schweben scheint. Öffnen Sie dann ganz langsam den Kreis und bewegen Sie Ihre Hand vorsichtig zur Seite, halten dabei aber Ihren Blick auf die Mitte des (nunmehr imaginären) Kreises gerichtet: Das dreidimensionale Bild ist direkt vor Ihren Augen entstanden.

2.

Die Münzmethode läßt sich auch beim Erlernen der konvergenten Blicktechnik anwenden. Sie legen hierzu wieder zwei gleiche Münzen in die Mitte des Bildes, im ungefähren Abstand der beiden Hilfspunkte und verfahren wie schon bei der Punktetechnik beschrieben. Just in dem Moment, in dem die illusionären vier Münzen zu drei verschmelzen, wölbt sich die dritte Dimension um diese herum und Ihnen entgegen. Erneut können Sie beobachten, wie die beiden Münzen ein Bestandteil des Bildes geworden sind, eingewoben in die Tiefe des Raumes.

Sehen auf mehreren Ebenen

Bisher haben wir nur vom Sehen der Bilder auf zwei Arten gesprochen: dem divergenten und konvergenten Blick. Es ist aber möglich, die Stereogramme auf mehreren Ebenen zu sehen. Haben Sie die erste Ebene des Bildes mit einer der oben beschriebenen Techniken erreicht, gehen Sie am besten wie folgt vor: Halten Sie Ihren Blick weiterhin in der dritten Dimension, und überlappen Sie wiederum zwei

Bildanteile, d.h., Sie schauen beim divergenten Blick noch weiter hinter das Bild, bis es sich auf der nächsten Ebene erneut zu einem klar sichtbaren Motiv in der dritten Dimension zusammengesetzt hat. Beim konvergenten Blick gehen Sie entsprechend vor. Sie können dann statt der üblichen *drei* Hilfspunkte, die erscheinen, wenn Sie sich auf der ersten Ebene befinden, vier sehen. Das Sehen auf mehreren Ebenen ist für unsere Zwecke besonders geeignet, geht mit dieser Vertiefung des magischen Blicks doch ein enormer Zuwachs an psychoaktiver Wirkung einher, will sagen: Dann geht es richtig zur Sache!

Der Unterschied zwischen konvergentem und divergentem Sehen

Das, was Sie beim Betrachten der Bilder mit der Paralleltechnik (divergentem Sehen) erblicken, ist eine genaue räumliche Umkehrung der Schieltechnik (konvergentes Sehen). Wir haben es hier mit dem Phänomen der räumlichen Inversion zu tun. Alles in der Paralleltechnik Betrachtete spiegelt sich an der Achse des eigentlichen, zweidimensionalen Bildes in sein genaues Gegenteil. Während sich beim konvergentem Sehen die gesamte Dreidimensionalität *vor* der eigentlichen Bildebene abzuspielen scheint, entsteht der Tiefenraum beim divergentem Sehen dahinter. Nun gibt es Cyberoptics, die für jeweils eine der beiden Methoden in besonderem Maße prädestiniert sind. Betrachten Sie z.B. eine Kugel mit der Paralleltechnik, werden Sie beim konvergenten Schauen nur einen wenig attraktiven Hohlraum, ähnlich einer Sandkuchenform, erkennen. Nun gibt es aber auch Bilder, die für das Sehen auf beide Arten gleichermaßen geeignet sind und so ein reizvolles Hin- und Herspringen zwischen beiden Ebenen erlauben. Sind Sie erst einmal an diesem Punkt angelangt und können mühelos die Betrachtungsebenen wechseln, haben Sie schon ein hohes Maß an Flexibilität Ihrer Augenmuskeln erreicht.

Alles eine Frage des Standpunktes

Halten Sie Ihren ausgestreckten Daumen in ca. 30 cm Abstand vor Ihr Gesicht und den anderen Daumen ausgestreckt hinter den ersten. Fixieren Sie nun den vorderen Daumen, erscheint der weiter hinten liegende doppelt. Vom Standpunkt des hinteren Daumens aus gesehen, schielen Sie jetzt eigentlich, d.h., Sie schauen konvergent. Wenn Sie nun beide Daumen in dieser Stellung belassen und den hinteren Daumen fixieren, verschwimmt der vor Ihnen liegende Daumen und verdoppelt sich. Vom Standpunkt des vorderen Daumens aus betrachtet, schauen Sie jetzt divergent, nämlich durch ihn hindurch. Das eben beschriebene Phänomen ist eigentlich eine recht merkwürdige Tatsache: Die Bezeichnung konvergent/divergent hängt letztlich nur vom Standpunkt des Betrachters ab, ist also so etwas wie eine lebendige Veranschaulichung der Einsteinschen Relativitätstheroie. Schauen Sie auf einen nahe vor Ihnen liegenden Punkt, erscheinen alle dahinter liegenden Objekte unscharf, und ab einer bestimmten Entfernung fangen sie sogar an sich zu verdoppeln. Aus der Perspektive eines von Ihnen weiter weg befindlichen Gegenstandes schielen Sie ja jetzt auch! Das eben Gesagte gilt auch für den Umkehrfall: Fokussieren Sie ein entfernt liegendes Objekt, verschwimmen die unmittelbar vor Ihnen befindlichen Dinge und fangen an, sich zu verdoppeln. Die logische Schlußfolgerung aus dieser Beobachtung lautet, daß wir im Grunde genommen die ganze Zeit über auf drei verschiedene Arten sehen: vergent, als Ausdruck für den normal fokussierten Blick, konvergent und divergent – und das alles zur gleichen Zeit! Die Betonung jeweils einer Art des Sehens ist also eine Frage der Lenkung des Aufmerksamkeitsfokus bzw. Standpunkts des Betrachters.

Are you experienced?

Womit hängt dann, physiologisch gesprochen, die Faszination des magischen Blickes zusammen, wenn wir doch ohnehin die ganze Zeit über konvergieren und divergieren? Zunächst einmal natürlich mit der bewußt gewählten Verschiebung des Aufmerksamkeitsfokus, die

an sich schon eine große Faszination enthält, erschließt sie uns doch neues, bislang noch unbekanntes Terrain. Zum anderen ist unser optischer Sinn, wie wir im Kapitel über die Physiologie der Augen noch sehen werden, von vielerlei Gedächtnisinhalten abhängig. Und an genau dieser Stelle setzt der Wirkmechanismus der 3D-Bilder an. Unser Gehirn kennt bis zum Zeitpunkt seiner ersten 3D-Experience nur die Erfahrung, einen bestimmten Blickwinkel und Aufmerksamkeitsfokus mit visueller Schärfe in Verbindung zu bringen. Nun aber werden diese langjährigen Erfahrungsmuster unseres Gehirns, das bei der Bewältigung der alltäglichen Aufgaben auf die Ausbildung solcher Kategorien angewiesen ist, ad absurdum geführt. Berechnungen werden über den Haufen geworfen, die die Grundlagen unseres visuellen Systems bilden. Sie schauen beim stereo-optischen Blick auf eine Stelle, die nach allem, was Ihrem Gehirn bis jetzt heilig und unumstößlich war, nur verschwommen und unscharf existieren dürfte. Und was sehen Sie? Ein dreidimensionales Bild von solch leuchtender Tiefe und Brillanz, daß es Ihren grauen Zellen erst einmal die Sprache verschlägt. Und just in diesem Moment trifft Ihr Gehirn eine völlig neue perzeptive Entscheidung, die man getrost als geistigen Quantensprung bezeichnen kann. Das, was vormals ganz und gar unmöglich schien, macht jetzt auf überwältigende Weise Sinn.
Dieser Vorgang hat etwas von dem Erleben eines Menschen, der nach langjähriger Farbenblindheit endlich ein sattes, vibrierendes Rot erblickt. Und genau diese Besonderheit ist es auch, die unseren Blick so magisch macht: Direkt vor unseren Augen erschließt sich eine neue, geheimnisvolle Welt, die bis dahin nicht nur nicht möglich war, sondern gänzlich undenkbar. Und was ist Magie anderes, als zuvor Unerhörtes, Ungefühltes und Ungesehenes denk- und wahrnehmbar zu machen? Magie des neuen Äons ist im Grunde, wie die Naturwissenschaften auch, ein Wahrnehmungsprozeß, der sich allerdings von unseren herkömmlichen Mustern sehr stark unterscheidet.

Kapitel 2

Geschichte und technische Hintergründe der Stereogramme

Die in diesem Buch enthaltenen Stereogramme wurden alle mit Hilfe modernster Computertechnologie erstellt. Der visuelle Effekt, auf dem diese Bilder beruhen, ist zwar schon seit Anfang des 19. Jahrhunderts bekannt, konnte aber auf die vorliegende Art und Weise erst mit Hilfe moderner Rechner verwirklicht werden.

Stereoskopie im 19. Jahrhundert – das Kino des kleinen Mannes

Der entscheidende Schritt auf dem Weg zu dreidimensionalen Bildern erfolgte 1838, als Sir Charles Wheatstone die Grundlagen der modernen Steroskopie legte und die Stereobildpaare erfand. Die stereoskopischen Bilder gingen bald darauf um die ganze Welt, und eigene Ausstellungen mit stereoskopischer Kunst waren die Folge. Heute bekommen Sie einen Stereobetrachter und die dazugehörigen Dias für ein paar Mark in jedem Spielzeugladen.

Bei der Herstellung stereoskopischer Bilder werden mit einer Spezialkamera zwei Photos einer bestimmten Szene aus leicht unterschiedlichen Perspektiven gemacht. Dann bringt man diese beiden Bilder durch einen entsprechenden Stereobetrachter oder durch die uns nun hinlänglich bekannten Blicktechniken zum Überlappen, um den dreidimensionalen Effekt hervorzurufen. Auch in diesem Buch finden Sie Tafeln mit der Anwendung der stereoskopischen Technik, obwohl hier kein Photo einer bestimmten Szene dargestellt ist, sondern im Computer generierte Bilder verwendet wurden.

Die *random-dots*-Revolution

Die eigentlichen Stereogramme, vielmehr *random dots* (Zufallspunkt-bilder), wurden erst 1959 von Dr. Bela Julesz entdeckt, der damit eine kleine Revolution auf dem Gebiet der kognitiven Psychologie herauf-beschwor. (Weitere Informationen zu diesem Thema finden Sie im Kapitel über die Physiologie des Sehens.) Dr. Julesz gilt als geistiger Vater der Stereogrammtechnik. Diese Technik wurde 20 Jahre später noch verfeinert und ausgebaut, als es Christopher Tyler gelang, aus den vormals zwei benötigten und getrennten Bildern (siehe Abbildung Nr. 2) ein einziges, sogenanntes Einzelbildstereogramm zu ent-wickeln. Diese Technik ist die Grundlage für alle bisher bekannten dreidimensionalen Bilder, die ohne Hilfsmittel gesehen werden kön-nen. Soweit ein kurzer Überblick der Entwicklungsgeschichte der Stereovisionsbilder.

Abbildung Nr.2

Ohne Computer geht nichts

Was uns in diesem Zusammenhang noch interessiert, ist die Frage nach dem technischen Know-how, welches für das Erstellen der Bil-der notwendig ist. Selbst wenn Sie mit Computern absolut nichts am Hut haben, werden Ihnen in diesem Kapitel einige hochinteressante Fakten begegnen.
Um ein Stereogramm zu erzeugen, wie Sie sie in diesem Buch vorfin-den, braucht es dreierlei:

1. ein Graustufenbild, welches die nötigen Informationen zur Erzeu-gung des in der räumlichen Tiefe enthaltenen Objekts in codierter Form enthält,
2. eine Textur bzw. eine graphische Oberfläche, um einem Bild zu seiner 2. Dimension zu verhelfen und
3. ein Programm, das diese beiden Teilaspekte zueinander in Bezie-hung setzt und daraus ein farbiges Stereogramm errechnet. Hier bedarf es einiger Erfahrung, um die jeweils passenden Kombina-tionen zu finden. An diesem Punkt wird das Erstellen der stereo-optischen Bilder zu einer eigenen Kunstform.

Das Graustufenbild

Diese Bilder werden mit Hilfe eines speziellen Programms erstellt; die Abstufung unterschiedlich heller Bereiche mittels Grautönen symbolisiert die räumliche Tiefe. Eine hellere Graustufe erscheint im tatsächlichen Bild dann weiter vorn als eine dunklere Abstufung. Diese Programme arbeiten äußerst komplex, und es braucht schnelle Rechner und findige Graphiker, um gute und damit plastische Tiefenbilder zu erzeugen.

Die graphische Oberfläche (Textur)

Ähnlich verhält es sich mit den graphischen Oberflächen der dreidimensionalen Bilder. Auch hier ist spezielle Software vonnöten, um schöne Farbverläufe, komplexe geometrische Muster oder gar photorealistische Oberflächen zu generieren. Es wird teilweise mit den modernsten Errungenschaften der Computertechnik gearbeitet, um die erstaunlichen graphischen Effekte der Bilder hervorzubringen. So werden bei der Erstellung photorealistischer Oberflächen bestimmte Bilder gescannt und in den Computer übertragen. Ein Scanner tastet ein vorliegendes Bild mit Hilfe von Lichtstrahlen ab und speist das so digital codierte Motiv in den Rechner. Im Computer kann die Graphik mit verschiedenen Bildbearbeitungsprogrammen beliebig modifiziert werden. So einfach diese Abläufe hier beschrieben sind, so kompliziert sind sie in Wirklichkeit. Aber diese Details sind nur etwas für Puristen und sollen uns hier auch nicht weiter aufhalten. Mir geht es bei alledem um eines: in Ihnen ein Bewußtsein dafür zu wecken, mit welch unglaublichen Datenmengen bei solchen Verfahren gearbeitet wird, und so einen ungefähren Bezugspunkt herzustellen, der ausdrückt, zu welch phantastischen Leistungen unser Gehirn eigentlich in der Lage sein muß, um solche Bilder wahrnehmen zu können. Dazu muß ich ein klein wenig ausholen.

Von Bits, Bytes & Biocomputern

Computer sind ja bekanntlich doof. Alles muß man ihnen bis ins kleinste erklären und weiß dann immer noch nicht, ob sie wirklich genau das tun, was man von ihnen verlangt hat. Diese Maschinen arbeiten mit kleinsten elektrischen Stomflüssen und kennen dabei nur die Informationskanäle: Strom an oder Strom aus. Das ist alles, was sie voneinander unterscheiden können – das allerdings ziemlich schnell. Alle Vorgänge in einem Computer, seien sie auch noch so komplex, beruhen auf diesen zwei Codierungen: Strom oder nicht Strom, *das* ist hier die Frage.

Die kleinste Informationseinheit in einem Computer wird ein *Bit* genannt und entspricht einer Ziffer in diesem Stromanstromaus-Zweiersystem. Aus 8 solchen Bits wird die nächst größere Informationseinheit gebildet, das *Byte*. Ein Byte ist eine achtstellige Ziffer in dem Zweiersystem der bits.

01100010 symbolisiert so beispielsweise einen Buchstaben unseres Alphabets. Computer können ja nicht lesen; also muß man ihnen einen Buchstaben in Form von stromausstroman versinnbildlichen. An dieser Stelle sei erwähnt, daß ich die Angst mancher Leute, Computer könnten irgendwann einmal die Herrschaft über den Menschen erlangen, nun gar nicht verstehen kann. Wenn wir uns von Stromanstromaus's das Ruder aus der Hand nehmen lassen, ist irgendwas extrem schiefgelaufen. Aber das nur am Rande.

Da es nur zwei Ziffern (die 0 und die 1 für Strom an oder Strom aus) und acht Stellen in diesem System gibt, auf die diese zwei Ziffern verteilt sein können, errechnen sich die daraus resultierenden Möglichkeiten wie folgt:

2 hoch 8, also 2x2x2x2x2x2x2x2 = 256. Aus einer solchen Ziffernfolge wird ungefähr ein Buchstabe gebildet und aus allen möglichen unser gesamtes Alphabet, inklusive Satzzeichen, Klein- und Großbuchstaben usw.

1000 (genauer 1024) solcher Bytes entsprechen einem Kilo-Byte, und 1024 Kilo-Byte (KB) bilden ein Mega-Byte (MB). Ein Mega-Byte sind also 1 048 575 Byte. Sind wir nicht kleinlich und sagen: eine Million (damit läßt sich besser rechnen).

Die Auflösungsfähigkeit unserer Augen

Ich sehe nicht mehr als Sie, aber ich habe mir angewöhnt, das zu beachten, was ich sehe.

Sherlock Holmes

Meine letzten Ausführungen waren nötig, um Ihnen das nun folgende wirklich verdeutlichen zu können: Bei einer Bildschirmdarstellung am Computer haben wir es immer mit einer bestimmten Auflösung einer Graphik zu tun. Diese Auflösung setzt sich aus einzelnen Bildpunkten *(Pixel)* zusammen. Das heißt, ein Bild auf dem Schirm eines Computers setzt sich aus unzähligen kleinen Pixeln zusammen, die dem Auge die Illusion einer homogenen Fläche vermitteln. Bei vielen Druckerzeugnissen, wie Photodarstellungen in einer Zeitung beispielsweise, können Sie bei genauerem Hinsehen diese einzelnen Bildpunkte sogar recht deutlich voneinander unterscheiden.

Eine Standardbezeichnung für die Qualität eines Bildes ist dessen dpi-Zahl *(dots per inch*; ein *inch* entspricht 2,54 cm). Bei qualitativ hochwertigen Bildern ist die Bildpunktzahl so hoch, daß unser Auge nicht mehr dazu in der Lage ist, einzelne Pixel voneinander zu unterscheiden. Ein magisches Bild in diesem Buch hat eine dpi-Zahl von ca. 300. Bei einer ungefähren Größe von 20 x 20 cm eines Bildes sind das $20/2,54 = 7,9$ inches. Also hat eines unserer Stereogramme die Abmeßung 7,9 x 7,9 inches. Jetzt multiplizieren wir diese Zahl für eine Querreihe mit der Anzahl der Pixel und kommen auf den Wert $7,9 \times 300 = 2370$. Diese Zahl multiplizieren wir jetzt mit sich selbst, um auch die senkrechten Reihen zu berücksichtigen, und gelangen so zu dem Wert 5 616 900. Das ist die gigantische Zahl der einzelnen Bildpunkte auf einer Tafel!
Jetzt ist die entscheidende Frage, bis zu welchem Grad unser Auge überhaupt noch Unterschiede in der Menge der verwendeten Bildpunkte wahrnehmen kann, bzw. wann es einfach aussteigt. Es ist zwar schwer, einen genauen Wert für dieses Verhältnis anzugeben, und ich würde auch nicht meine Hand dafür ins Feuer legen, aber einige Recherchen bei professionellen Graphikern haben einen ungefähren Wert von 600 – 1200 dpi ergeben, wobei es hier wieder sehr stark auf das verwendete Medium – sei es nun eine Bildschirmdarstellung oder ein Ausdruck – ankommt. Bei einer solchen Auflösung ist das Auge einfach nicht mehr in der Lage, qualitative Unterschiede

wahrzunehmen, obwohl mir gesagt wurde, daß das Auge eines geschulten Graphikers selbst in diesen Grenzbereichen noch winzige Feinheiten zu differenzieren vermag, aber wohl mehr aus dem Bauch heraus und auch erst nach langjähriger Erfahrung.

Ihr Auge liest 700 Bücher in der Sekunde!

Gehen wir jetzt von einem Mittelwert von 1000 dpi aus, ab dem das Auge absolut keine Differenzierungen mehr treffen kann. Selbst bei hochwertigen Druckerzeugnissen liegen dpi-Zahlen um die 250 vor, und das ist schon völlig ausreichend, um unserem Auge den Eindruck eines homogenen Bildes zu vermitteln. Die dabei anfallende Informationsmenge liegt, computertechnisch gesprochen, bei sage und schreibe 13 Mega-Byte! Das sind 13 000 Kilo-Byte oder 13 000 000 Byte! Diese Menge an Daten entspricht, bei einer normalen Buchgröße mit einer Buchstabenzahl von 1 500 pro Seite und 200 Seiten Umfang, 44 Büchern! Wenn wir dieses Bild wahrnehmen, muß unser Gehirn einen vergleichbar hohen Rechenaufwand leisten, und zwar in jeder Sekunde. Nun ist unser Auge in der Lage, auch Bilder mit ca. 1000 dpi noch zu differenzieren. Dabei steigt die benötigte Datenmenge auf den Wert von 208 MB. Um bei dem oben benutzten Vergleich zu bleiben: das wäre dann schon die Informationsmenge von 704 solcher Bücher …

Unser Gehirn muß auf irgendeine Art die in dem Bild enthaltenen Informationen verarbeiten, und die dabei anfallende Datenmenge ist einfach gigantisch. Es mag Leute geben, die meinen, ein solcher Vergleich wäre unzulänglich. Ich bin mir völlig darüber im klaren, daß unser Gehirn nicht wie ein Computer arbeitet und daß man deswegen diese beiden Dinge nicht unbedingt miteinander vergleichen kann. Ich möchte Ihnen mit diesem Beispiel lediglich eine ungefähre Vorstellung davon geben, was Ihr Gehirn zu berechnen imstande sein muß, um überhaupt sehen zu können, und finde dabei das Begriffspaar Gehirn/Computer sehr naheliegend.

Die genaue Arbeitsweise des Gehirns ist den Neurophysiologen in vielen Bereichen nach wie vor ein Mysterium, allerdings zeichnen sich schon erste Einsichten ab. So kommt Sir John C. Eccles, ein Pionier der ersten Stunde dieses Wissenschaftszweiges, in seinem neuesten Werk zu dem Schluß, daß unser Geist unmöglich in unserem Gehirn sitzen kann, sondern dieses nur als Werkzeug benutzt.

The incredible machine

Die Arbeitsweise unseres Gehirns geht über ein bloßes Stromanoderstromaus weit hinaus. Die einzelnen Zellen in unserem Gehirn bilden sogenannte neuronale Netze; diese Bezeichnung ist nur ein mühseliger Versuch, die ungeheuerliche Komplexität und Verflochtenheit unserer Gehirnzellen in Worte zu fassen. Die Zahl der Wechselverbindungen bei den einzelnen Nervenzellen wird auf 10 hoch 800 geschätzt! Zum Vergleich: Die Naturwissenschaft nimmt an, daß sich die Anzahl der Atome im uns bekannten Universum auf ca. 10 hoch 100 beläuft. In unseren grauen Zellen finden in jeder Sekunde ca. 10 000 chemische Reaktionen statt! Das sind Zahlen, die unser Vorstellungsvermögen bei weitem übersteigen, und doch finden diese Dinge mitten in unseren Köpfen statt.
Auf dem Gebiet der Computerforschung wird inzwischen versucht, die vom Gehirn bekannte Arbeitsweise der neuronalen Netze auch auf Maschinen zu übertragen und so deren Rechenleistung auf ein Vielfaches zu beschleunigen. Allerdings ist man davon noch Lichtjahre entfernt. So ist es den Computertechnikern bisher auch noch nicht annähernd gelungen, etwas dem Sehsinn Vergleichbares für Computer zu entwickeln. Es gibt wohl einige Ansätze; so kann ein Computer unter großen Mühen irgendwelche Buchstaben entziffern, doch sobald nur die leiseste Komplikation wie z.B. Bewegung ins Spiel kommt, wird die Sache schon extrem kompliziert.
Es ist also nur unter großen Vorbehalten möglich, unser Gehirn mit einem Computer zu vergleichen. Und doch bietet sich ein Versuch an, um zumindest eine ungefähre Vorstellung der gigantischen, von Augenblick zu Augenblick stattfindenden Rechenleistungen unseres Bio-computers, wie unser Gehirn von John C. Lilly genannt wird, zu erlangen.
Der Computer baut ein bestimmtes Motiv auf dem Bildschirm auf, und wenn es eine richtig gute Maschine ist, werkelt sie währenddes

sen noch an einem anderen Problem herum. Aber nur, wenn sie richtig gut ist.

Die Heinzelmännchen

Wir hingegen schauen ein solches Bild an, bewerten es, setzten es in Relation zu anderen Bildern, können außer dem Bildschirm auch noch unsere Umgebung wahrnehmen, reagieren auf Bewegungen in unserem Blickfeld, hören das Telefon klingeln, riechen den Kaffeeduft, der uns aus der Küche in die Nase strömt, schmecken dabei vielleicht ein Stück Schokolade auf der Zunge, und das alles gleichzeitig! Zu alledem schlägt unser Herz, unser Körper arbeitet ohne Unterlaß auf Hochtouren, scheidet Giftstoffe aus, verheilt Wunden, setzt Nahrung in Energie um und … vollbringt Wunder über Wunder, die alle aufzuzählen die Seiten dieses Buches nie ausreichen würden. Und das alles wird gesteuert von unserem Gehirn, in Zusammenarbeit mit der Weisheit unseres Körpers.

Im Vergleich zu den Leistungen unseres Gehirns erscheinen selbst die besten Großrechner unserer Zeit wie Heinzelmännchen, und ich denke, sie werden das auch für immer bleiben: Heinzelmännchen. Dennoch wird heutzutage ein riesiges Aufheben um diese Dinger gemacht – Computer sind sehr nützliche Werkzeuge, z.B. für die Erstellung der in diesem Buch gezeigten Bilder, aber das ist auch schon alles.

Zu viele Menschen der heutigen Zeit verlieren sich in der digitalen Welt und vergessen darüber, was in ihrem eigenen Kopf so alles los ist. Über Bits und Bytes verpassen sie die Chance, die Möglichkeiten ihres eigenen Geistes auszuschöpfen, wogegen sich die tollsten Computerprogramme wie billiger Kinderkram ausnehmen. Nichts gegen den sinnvollen Gebrauch von Computern: ich selbst habe dieses Buch in kürzester Zeit mit Hilfe eines Textverarbeitungsprogramms geschrieben, und nur Gott weiß, was für Qualen das früher auf einer Schreibmaschine bedeutet hätte. Es kommt, wie so oft, auf das richtige Maß an. Vernünftig eingesetzt sind Computer eine prima Sache. Räumt man ihnen einen zu großen Stellenwert ein, sind sie ebenso große Kreativitäts- und Kommunikationskiller wie das aktuelle Fernsehprogramm.

Der Mensch ist ein Buch.
Alles steht in ihm geschrieben,
und seine Trübsichtigkeiten
erlauben ihm nicht,
zu sehen, was er weiß.

Rumi

Kapitel 3

Die Physiologie des Sehens – mit neuen Augen betrachtet

*Sehen ist eine Erfahrung ...
Die Menschen, nicht ihre
Augen, sehen ... Man sieht nicht
alles auf den ersten Blick.*

N. R. Hanson[1]

Ich möchte Sie in diesem Kapitel dazu einladen, sich mit mir gemeinsam auf eine Entdeckungsreise zu begeben, in deren Verlauf wir auf wundervolle Art und Weise Zeuge eines Schulterschlusses aus uralter Weisheit und neuesten wissenschaftlichen Erkenntnissen sein werden. Das eigentlich Faszinierende daran ist, daß beide Weltanschauungen zusammengenommen ein Netz aus Einsichten weben, das dichtere und tragfähigere Maschen aufweist als die Erkenntnisse von nur jeweils einem der beiden. Um diese überaus spannenden Zusammenhänge zu verdeutlichen, erscheint es mir sinnvoll, zu Beginn dieses Kapitels einige grundlegende physiologische Gegebenheiten des optischen Apparats und des Gehirns zu erläutern, um darauf unverzüglich in *medias res* zu gehen. Doch zunächst das kleine Einmaleins, das aber in unserem Fall genauso unerläßlich wie faszinierend ist. Ich verspreche Ihnen: Sie werden sich bei unserem Streifzug durch die Gefilde des menschlichen Auges auf wundervolle Art unterhalten!

Die Grundlagen

Das menschliche Auge wird aus verschiedenen Häuten, wie z.B. der Binde- und Netzhaut, gebildet. In seinem Inneren befindet sich eine geleeartige Substanz, die auch als Glaskörper bezeichnet wird und für die kugelige Form des Auges verantwortlich ist. Vor diesem Glaskörper liegt die Augenlinse, deren Funktion es ist, durch Krümmungsveränderung scharfes Sehen unterschiedlich weit entfernter Gegenstände zu ermöglichen. Die Bewegungen unseres Auges wiederum werden von den zweimal sechs Augenmuskeln, die sich um das Auge herum befinden, aufeinander abgestimmt. Die Feineinstellung geschieht dann über die sogennanten Ziliarmuskeln im Augeninneren. Und hier setzt auch ein für unsere weiteren Überlegungen wichtiger Punkt an: Aufgrund zahlreicher Experimente kam ein Pionier der modernen Augenforschung, Dr. W. H. Bates, zu dem Schluß, daß die Scharfeinstellung unseres Auges, die sogenannte Akkommodation, im wesentlichen von den äußeren Augenmuskeln gesteuert wird. Die Fähigkeit, die Augen auf Weit- bzw. Nahsicht einzustellen, ist also im wesentlichen eine direkte Folge der Verlängerung bzw. Verkürzung des gesamten Augapfels. Auf diesen Forschungen beruht dann auch eine inzwischen etablierte Augenschulmethode, die davon ausgeht, daß Fehlsichtigkeit in vielen Fällen ein Lernprozeß ist und deshalb auch wieder »entlernt« werden kann, hat man erst einmal die diesem Lernprozeß zugrundeliegenden Regeln erkannt. Im nächsten Kapitel werden wir dieses höchst belebende Thema ausführlich unter die sprichwörtliche Lupe nehmen.

Der durch die Hornhaut eintretende Sehstrahl durchwandert auf seiner Reise ins Gehirn das Augeninnere und trifft auf die Netzhaut, in deren Mitte sich die Macula, auch »gelber Fleck« genannt, befindet. An dieser Stelle finden wir den Ort mit der größtmöglichen Sehschärfe.

Experiment Nr. 1

 Schauen Sie auf einen vor Ihnen liegenden Gegenstand, fokussieren Sie ihn und behalten Sie dabei die an den Gegenstand angrenzende Umgebung im Auge. Nur das unmittelbar von Ihnen fixierte Objekt erscheint wirklich gestochen scharf, alles andere wirkt schon leicht verschwommen und unscharf.

Im Zentrum unseres Auges, an der Stelle der Macula, befinden sich die meisten und hochwertigsten Nervenfasern, die uns dieses analytische und scharf-sezierende Sehen möglich machen. Diese Fasern werden auch Zäpfchen genannt und ermöglichen uns unter anderem auch das Farben- und Formsehen. Diese Rezeptoren sind es, die das auf der Netzhaut einfallende Licht empfangen und weitreichende

Aktivitäten in unserem Gehirn auslösen. Daneben gibt es noch eine andere Rezeptorenart, die sogenannten Stäbchen, die ca. 500mal lichtempfindlicher sind als die Zäpfchen. Die Stäbchen liegen eher in der Peripherie der Netzhaut, und das ist auch der Grund, warum bei schlechten Lichtverhältnissen die periphere Sicht genauere Sinneseindrücke vermittelt, als dies die zentrale Sichtweise vermag. Anhand dieser physiologischen Gegebenheiten läßt sich schon ganz deutlich erkennen, daß die Natur das scharfe und analysierende Sehen nicht überbetont, sondern ihm einen gebührenden Platz inmitten unserer eher weichen und umfassenden Sehweise einräumt. Ich glaube, die meisten von uns haben gelernt, dem scharfen und punktuellen Sehen den Vorzug einzuräumen, wenn nicht gar es ausschließlich zu benutzen. Bei dieser Sichtweise verlieren wir buchstäblich einen Großteil der uns umgebenden Welt aus den Augen und damit aus dem Sinn. Wie wir später noch erfahren werden, besteht eine wesentliche Technik der Erweiterung unserer bewußten Wahrnehmung im Wiedereinbeziehen des peripheren Blicks.

Des Pudels Kern

Die beiden Augen stehen mittels des Sehnervs, der aus der Netzhaut austritt, mit den beiden Gehirnhemisphären in Verbindung. An der Stelle, wo der Sehnerv die Netzhaut verläßt, haben wir einen Bereich, der für Licht völlig unempfindlich ist. Diese Stelle wird deshalb auch »blinder Fleck« genannt.

Experiment Nr. 2

Drehen Sie das Buch um 90 Grad im Uhrzeigersinn, so daß sie links das Kreuz und rechts den Kreis der nebenstehenden Abbildung vor sich haben. Fixieren Sie das Kreuz, halten Sie dann Ihr linkes Auge zu und bewegen das Buch in ca. 35 cm Abstand vor Ihren Augen hin und her. An einer bestimmten Stelle, die Sie schnell finden werden, verschwindet der schwarze Punkt einfach! Das passiert genau dann, wenn die Abbildung des Punktes auf den Teil der Netzhaut trifft, der für Licht unempfindlich ist.

Abbildung Nr. 3

Was geht da vor sich? Unser Gehirn scheint die ihm fehlende Information einfach zu ergänzen und nahtlos in die übrigen eintreffenden Meldungen zu integrieren.

Die Augen stehen also über den Sehnerv mit unseren Hemisphären in Kontakt, und zwar sowohl über Kreuz als auch mit der jeweils gleichseitigen Hemisphäre. Das linke Auge liefert also sowohl der rechten als auch der linken Gehirnhälfte seine Informationen, wie auch umgekehrt. In der Mitte des Gehirns treffen die beiden Sehnerven auf einen Kern, der Kniehöcker oder auch *corpus geniculatum*

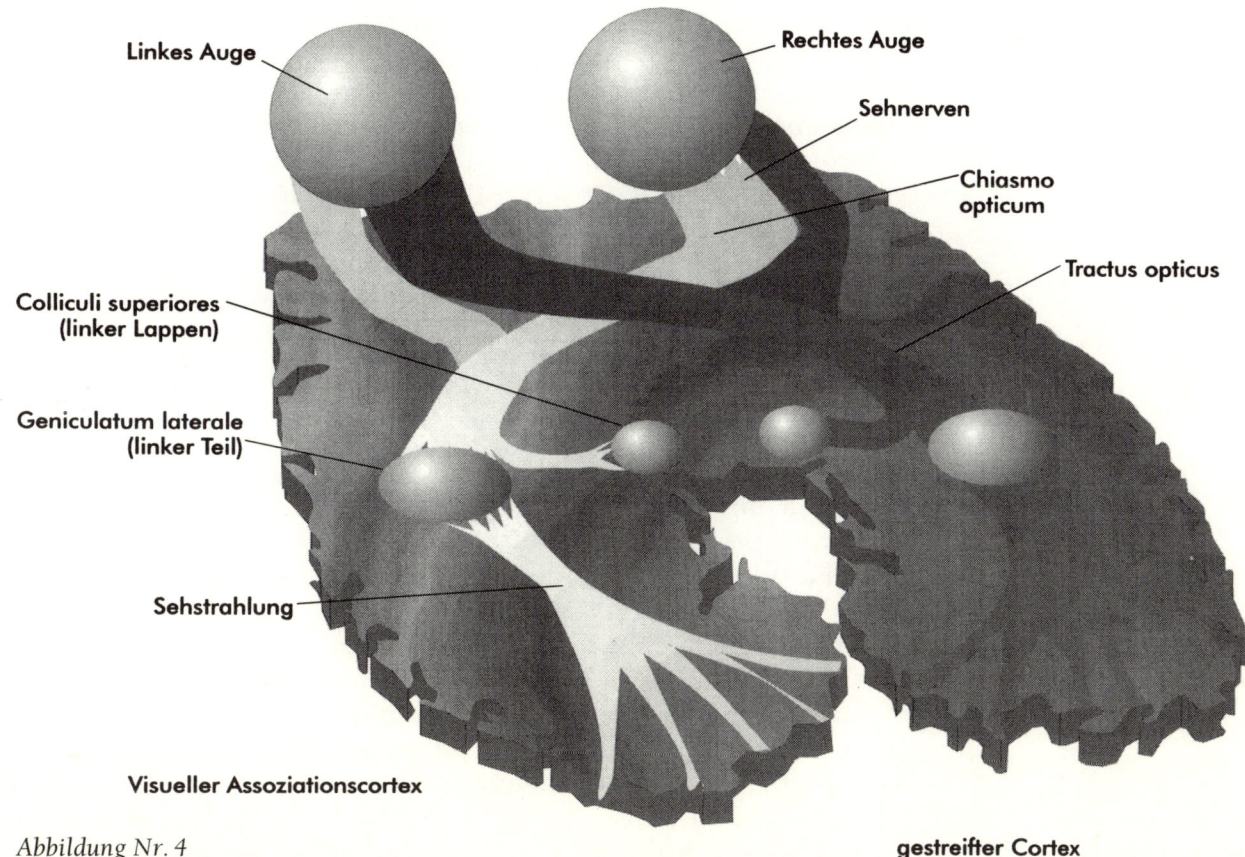

Linkes Auge

Rechtes Auge

Sehnerven

Chiasmo opticum

Tractus opticus

Colliculi superiores (linker Lappen)

Geniculatum laterale (linker Teil)

Sehstrahlung

Visueller Assoziationscortex

gestreifter Cortex

Abbildung Nr. 4

laterale genannt wird. Genau an dieser Stelle passiert nun etwas höchst Merkwürdiges, das uns aufhorchen lassen muß: Es ist nicht etwa so, daß dieser Kniehöcker einfach eine Art simple Umschaltstation für die aus der Netzhaut an das Gehirn eintreffenden Signale wäre. Im Gegenteil: Dieser Kern stellt die bedeutsamste Region von Verbindungen zwischen der Netzhaut und dem zentralen Nervensystem einschließlich der Hirnrinde dar. In diesem Kniehöcker laufen zahlreiche Verbindungswege aus allen Teilen des Gehins zusammen, und alle beeinflussen sich wechselseitig! Das heißt, das Signal aus der Netzhaut, das diesen Kern ja passieren muß, kann dessen Zustand wohl beeinflussen, bevor die Informationen an das Gehirn weitergeleitet werden und dort den Eindruck optischer Wahrnehmung hervorrufen. Das ist aber auch schon alles. Die aus der Netzhaut eintreffenden Signale modifizieren zwar die zum Aufbau eines optischen Bildes benötigten Informationen, spezifizieren diese aber nicht. Anders formuliert: Unser Sehen wird in gleichem Maße von Inhalten unseres Gehirns, wie z.B. unseren Emotionen, wie von den von der Netzhaut gelieferten Bildern bestimmt! Und das ist das genaue Gegenteil der Sichtweise unserer Schulmedizin, die Leuten mit Sehstörungen schlicht eine Brille verpassen, die nun wirklich weit davon entfernt ist, die eigentlichen *Ursachen* von Fehlsichtigkeit zu berücksichtigen. Diese haben immer etwas mit dem ganzen Menschen zu tun, und die oben genannten physiologischen Gegebenheiten sind der lebendige Beweis dafür.

Die Entstehung unserer Wahrnehmung ist mitnichten eine Art Schnappschuß eines bestimmten Objektes, sondern ein hochkomplexes Zusammenspiel aller Verbindungen, die der Kniehöcker aus allen Teilen des Nervensystems empfängt. Das gilt für alle Bereiche unseres zentralen Nervensysems. Unsere Wahrnehmung ist also nicht von determinierenden äußeren Faktoren abhängig, sondern wird von organismus-internen Vorgängen genauso beeinflußt wie von den »vom Außen« eintreffenden Abbildern der Realität. Es stimmt also: Es gibt genauso viele Realitätstunnel wie es Menschen gibt, und das eigentliche Wunder besteht in der Tatsache, daß wir trotz dieses Umstandes überhaupt in der Lage sind, miteinander zu kommunizieren. Ich kann mir keine schönere Metapher für die Schöpfung vorstellen, als die

Art, wie unsere Wahrnehmung funktioniert: Jeder von uns hat seine absolut einzigartige Sicht der Dinge, und doch teilen wir alle genug Erfahrungsdimensionen, um in liebevoller Weise die unendlich vielfältigen Erscheinungsformen des Bewußtseins der Schöpfung hervorzubringen.

Ein zeitgemäßes Modell des Sehens

Was genau passiert denn nun eigentlich im Gehirn, in uns, mit uns, wenn wir sehen? Unser Sehsinn steht uns so nahe, scheint uns in seinem Dasein so selbstverständlich zu sein, daß wir in unserem alltäglichen Leben buchstäblich den Wald vor lauter Bäumen übersehen. Bei vielen Menschen wird dann auch erst durch ein Nachlassen ihres Sehvermögens eine gewisse Aufmerksamkeit für das Wunder des menschlichen Auges erweckt. Dem muß aber nicht so sein. Bei unserem Erkundungsstreifzug in den geheimnisvollen Gefilden der optischen Wahrnehmung werden wir auf faszinierende und zum Teil noch völlig unverstandene Einsichten stoßen, die uns die unglaubliche Fülle und Reichhaltigkeit unseres Sehsinnes wieder zu Bewußtsein bringen können, auf daß wir SEHEN und staunen, atemlos.
Eine einfache, wenngleich auch unzureichende Erklärung für die Funktionsweise unserer optischen Wahrnehmung könnte wie folgt aussehen (fällt Ihnen auf, wie oft mit »Sehen« gebildete Wörter in unserer Sprache verwendet werden, um bestimmte Sachverhalte zu *versinnbildlichen*?): Die Augen übermitteln über die Netzhaut ein Abbild der Außenwelt in unser Gehirn, wo so etwas wie eine Art »innerer Leinwand« existiert, auf die diese Eindrücke projiziert werden. Unser Gehirn setzt sich aus Milliarden von Zellen zusammen, von denen einige auf das Sehen spezialisiert sind. Entweder ist eine Zelle aktiv und signalisiert damit einen mehr oder weniger hellen Fleck in ihrem lokalen Zuständigkeitsbereich, oder sie ist nur mäßig aktiv und steht für einen eher grauen Farbton. Bei völliger Inaktivität ist es dann eben stockfinstere Nacht. So weit, so gut. Dies dürfte wohl in etwa die Vorstellung zum Ausdruck bringen, die die meisten unter uns, zumindest halbbewußt, vom Sehen haben. Davon abgesehen, daß diese Theorie das Phänomen des Farbensehens nicht im gerin-

Das normale Sehen wäre unmöglich, würde das Auge nicht Licht absorbieren. Ist das Licht erst einmal absorbiert, wird es nicht mehr in derselben Form gesehen. Das bedeutet nicht, daß es zu wirken aufhört. Eine der großartigsten Verwendungsweisen dieses Lichts ist die Selbsterleuchtung.

Camden Benares[2]

sten erklärt, tangiert sie auch andere für unser Sehen so typische Erscheinungen, wie z.B. das Erkennen von Formen und Tiefe, nur peripher. Doch genug davon. Unser Anliegen ist es ja, die komplexen Abläufe beim Sehen etwas tiefgehender zu begreifen, um so eine ungefähre, erstmal verstandesorientierte Annäherung an das Wunder des Sehens zu bewerkstelligen. Um eine Beschreibung dessen, was wir sehen, abgeben zu können, muß unser Gehirn eine große Anzahl an interpretativen Berechnungen anstellen. Der Prozeß des Sehens enthält also eine ganze Reihe von Schritten, die weit, sehr weit über ein bloßes Widerspiegeln der Außenwelt hinausreichen.

Im Grenzbereich der Wahrnehmung

Lassen Sie mich Ihnen dazu eine kleine Geschichte erzählen: Im 19. Jahrhundert, als es noch WissenschaftlerInnen gab, die unter persönlichem Einsatz Forschung betrieben, lebte eine Frau, die auch die Heldin unsere Geschichte sein soll. Diese Frau hieß Iris von Durchblick. Jene besagte Person, eine ausgebildete Wahrnehmungspsychologin von großem Ehrgeiz und unglaublichem Mut, war äußerst verwirrt von einer Frage, die ihr nicht aus dem Kopf gehen wollte: »Das Bild, das auf die Netzhaut trifft, steht auf dem Kopf; warum nehmen wir dann die Welt trotzdem richtig herum wahr? Oder steht die Welt tatsächlich auf dem Kopf und wir bilden uns nur ein, richtig herum zu sehen? Wie Hermes, der Götterbote es so schön formulierte: Wie Oben, so Unten?«
Diese und andere knifflige Fragen ließen unserer Heldin keine Ruhe, und eines schönen Morgens, die Welt erstrahlte aufs neue in glänzendem Lichte, kam ihr die Inspiration, eine Brille zu bauen, die die ganze Welt auf den Kopf stellen würde. »Sehen wir doch mal, was dann passiert«, dachte sie so bei sich. Gesagt, getan, und nach einigen technischen Anlaufschwierigkeiten konnte dieser wagemutige Selbstversuch, der sich über mehrere Tage erstrecken sollte, endlich beginnen. Man stelle sich vor: Die ganze Welt steht Kopf! Selbst die einfachste und alltäglichste Routine wird zum immerwährenden Horrortrip, das Gleichgewichtssystem fühlt sich völlig verloren, und die Orientierung im Raum ist eine einzige Qual. Da ist es auch nicht wei-

ter verwunderlich, daß unsere Heldin, Iris von Durchblick, von Angstzuständen geplagt und nachts von den schrecklichsten Alpträumen heimgesucht wurde. Doch sie hielt tapfer durch, komme, was da wolle. Und dann geschah es. Nach einigen Tagen (oder waren es Wochen?) fing das auf dem Kopf stehende Bild an, sich – erst nur zögerlich, dann immer schneller – zu verwandeln. Bis Frau von Durchblick eines schönen Morgens aufwachte – die Welt drehte wie gewohnt ihre Bahn – und alles wieder richtig herum sah! Sie ahnen gar nicht, was in diesen Momenten in ihr vorgegangen ist. Trotz der Umkehrbrille erschien die Welt wie sonst, als wäre nichts geschehen. Ihr Gehirn hatte also die unglaubliche Leistung vollbracht, die über die Netzhaut eingehenden Informationen dahingehend zu interpretieren, daß wieder eine normale Orientierung möglich war.

Doch der auf unsere Heldin einprasselnden Eindrücke nicht genug. Nachdem das Experiment in gewisser Weise ja ein voller Erfolg gewesen war, nahm Frau von Durchblick die Brille ab und (Sie ahnen es schon!) ... die Welt stand wieder Kopf. Schockschwerenot, diesmal bekam es sogar unsere tapfere Iris mit der Angst zu tun. Würde der Umkehrungsprozeß noch einmal so reibungslos verlaufen oder war sie dazu verdammt, bis an ihr Lebensende die Welt auf dem Kopf stehend zu sehen; oder, nicht weniger schlimm, die ganze Zeit diese wenig attraktive Umkehrbrille auf der Nase zu tragen? Doch ich kann Sie jetzt schon beruhigen: auch diesmal vollbrachte ihr Gehirn das geradezu phantastisch anmutende Kunststück, auf eine für uns bisher völlig ungeklärte Weise aus einer objektiv betrachtet auf dem Kopf stehenden Welt eine Welt zu zaubern, die wieder richtig herum ihre Kreise zog.

Diese Ereignisse haben sich genau so Ende des letzten Jahrhunderts zugetragen, nur ist der Romancier ein wenig mit mir durchgegangen. Ich kann Ihnen jetzt leider in diesem Buch keine Umkehrbrille anbieten; vorausgesetzt, Sie wären überhaupt dazu bereit, dem Löwenmut unserer Heldin nachzueifern. Doch ich habe ein kleines Experiment für Sie vorbereitet, mit dessen Hilfe Sie sich eine ungefähre Vorstellung der damaligen Ereignisse machen können.

Experiment Nr. 3

Falten Sie ein Stück DIN-A4-Papier in der Mitte, und zwar hochkant, so daß so etwas wie ein Dachstuhl dabei entsteht und stellen Sie es auf einen Tisch. Schauen Sie jetzt, mit nur einem Auge, auf einen Punkt in der Mitte des Blattes. Nach einiger Zeit werden Sie feststellen, daß das Papier nicht mehr wie ein Dachstuhl aussieht, sondern wie die Ecke eines Raumes, von innen gesehen.

Abbildung Nr. 5

Wenn Sie diesen Versuch nicht durchgeführt haben, werden Sie es nicht glauben: Der dabei enstehende Effekt ist so bemerkenswert, daß man ihn getrost als »Mini-Umkehrbrille« bezeichnen kann. Die räumlichen Verhältnisse werden ähnlich wie bei dem vorher beschriebenen Versuch völlig auf den Kopf gestellt. Ihr Gehirn hat es hier mit einer mehrdeutigen, dreidimensionalen Szene zu tun, kann diese auch auf mehrere Arten interpretieren und wählt auch tatsächlich mal diese, mal jene Perspektive. Wenn Sie ein bißchen mit diesem Stück Papier spielen, können Sie noch einige andere interessante Beobachtungen machen. So bewegt sich bei der »Ecke-Theorie« das Papier entsprechend Ihrer Kopfbewegungen mit, und zwar genauso, wie es eben nicht zu erwarten wäre! Zudem besitzt unser Gebilde etwas von dieser leuchtenden Transparenz, wie sie charakteristisch für die Stereovisionsbilder ist. Bei beiden beruht dieser Effekt vermutlich auf der Tatsache, daß unser Gehirn aus gewohnten Bahnen geworfen wird, und wir wieder neu sehen lernen müssen. Genau da liegt auch der Reiz solcher und ähnlicher Versuche: Wir alle haben ein mehr oder weniger starres Wahrnehmungsmuster, und alle eintreffenden Informationen werden innerhalb dieser Schablonen kategorisiert. Das hat seinen Nutzen, wenn es um die möglichst reibungslose Bewältigung von alltäglichen Aufgaben geht, wird aber bei der sprichwörtlichen Sinn-suche zum Bumerang. Wir können dann gar nicht mehr anders, als innerhalb dieser starren Kategorien wahrzunehmen, und die Welt erscheint uns zunehmend langweiliger, bis sie die Faszination und Leuchtkraft alter, längst vergessener Kindheitstage vollends verloren hat. Es geht uns auch nicht darum, diese alten Muster zu verlernen, haben sie an ihrem angestammten Platze durchaus ihre Berechtigung. Aber wir wollen dieser einen Fähigkeit *weitere* hinzufügen, um die Bandbreite unserer Möglichkeiten zu erweitern.

Sämtliche Stereovisionsbilder in diesem Buch sind ausgezeichnete Beispiele für die oben beschriebenen Phänomene. So ist auch Ihnen, liebe Leserin und lieber Leser, ein gewisses Heldentum nicht abzusprechen, wenn Sie sich mit mir auf die Reise begeben – eine Reise, die uns an die Grenzen unserer Wahrnehmung führen wird.

»... und tu nicht mehr in Worten kramen«

Ich denke, es ist genug gesagt worden, um auch die eingefahrensten Vorstellungen bezüglich der Funktionsweise der optischen Wahrnehmung zumindest ein wenig zu relativieren und Sie von der Unhaltbarkeit der »Innere Leinwand«-Theorie, sei sie im ersten Moment auch noch so einfach und einleuchtend, zu überzeugen. Wie hat schon Einstein gesagt: »Eine gute Theorie muß *einfach* sein; aber nicht zu einfach!« Nun werden Sie vielleicht fragen: »Ja, wie geschieht denn dann unsere Wahrnehmung? Erst schmeißt er alle Theorien über den Haufen und was dann?« Ich beuge mein Haupt in Demut und lasse den Doktor aus Goethes *Faust* zu Ihnen sagen: »Ich weiß, daß wir nichts wissen können, es will mir schier das Herz verbrennen!« Das Phänomen des Sehens zieht – herauf, herab und quer

Aus dem Geleise gewöhnlicher Wahrnehmung geworfen zu werden, während einiger zeitloser Stunden die äußere und die innere Welt nicht so zu sehen zu bekommen, wie sie einem vom Trieb zum Überleben besessenen Tier oder einem von Wörtern und Begriffen besessenen Menschen erscheinen, sondern wie sie, unmittelbar und unbedingt, vom Geist als Ganzem aufgefaßt werden können - das ist ein Erlebnis von unschätzbarem Wert für jeden Menschen ...

Aldous Huxley[3]

und krumm – die Philosophen, Psychologen und Wissenschaftler gleichermaßen seit Jahrhunderten an der Nase herum, und ich muß an dieser Stelle eingestehen, daß ich mich dabei einer gewissen Schadenfreude nicht völlig enthalten kann; sind es doch die ganz naheliegenden Sachen, wie eben unsere Wahrnehmung, an die der Verstand allein partout nicht heranreichen will, und übrig bleibt nur das Staunen über das Mysterium der Wahrnehmung.
Doch glaube ich nach wie vor, daß ein zumindest grundlegendes Verständnis der physiologischen Prozesse des Sehens einem tieferen Begreifen dienlich ist. Mehr kann Wissenschaft auch nicht leisten. Wahrnehmen – sehen – SEHEN – müssen Sie dann selber.

Die in dieser Abbildung beschriebenen Mechanismen stellen beinahe den neuesten Erkenntnisstand unserer Kognitionswissenschaften dar. Einiges wird davon erklärt, anderes jedoch bleibt völlig unberührt. Ich meine, das muß bei der Denk- und Herangehensweise der Naturwissenschaften auch so sein. Niemand hat das schöner zum Ausdruck gebracht als Rolling Thunder, ein indianischer Medizin-

Objekt   **Netzhautbild**   **Grauton-
                                                        beschreibung**

                                                        (hergestellt durch
                                                        Rezeptoren)

Abbildung Nr. 6

mann: »Manche Leute glauben, daß Sehen nur eine Sache des Lichteinfalls sei. Die optische Wahrnehmung ist aber in Wirklichkeit eine Kraft, die von den Augen ausgestrahlt wird und anziehend oder abstoßend wirken kann.«[4]
Wahrscheinlich liegt die Wahrheit, wie so oft, irgendwo zwischen beiden Polen.

Das Phänomen der Tiefenwahrnehmung (Binokulares Sehen)

Nachdem wir uns bisher mit dem Phänomen des Sehens in seinen Grundlagen auseinandergesetzt haben, werden wir uns jetzt der Frage nach der Entstehung unseres räumlichen Sehvermögens zuwenden, das ja bei der Betrachtung der stereo-optischen Bilder eine herausragende Rolle spielt. Was genau versetzt uns in die Lage, räumliche Tiefe überhaupt wahrnehmen zu können, und welche Faktoren bringen diese außerordentliche Wirkung hervor? Ich schlage

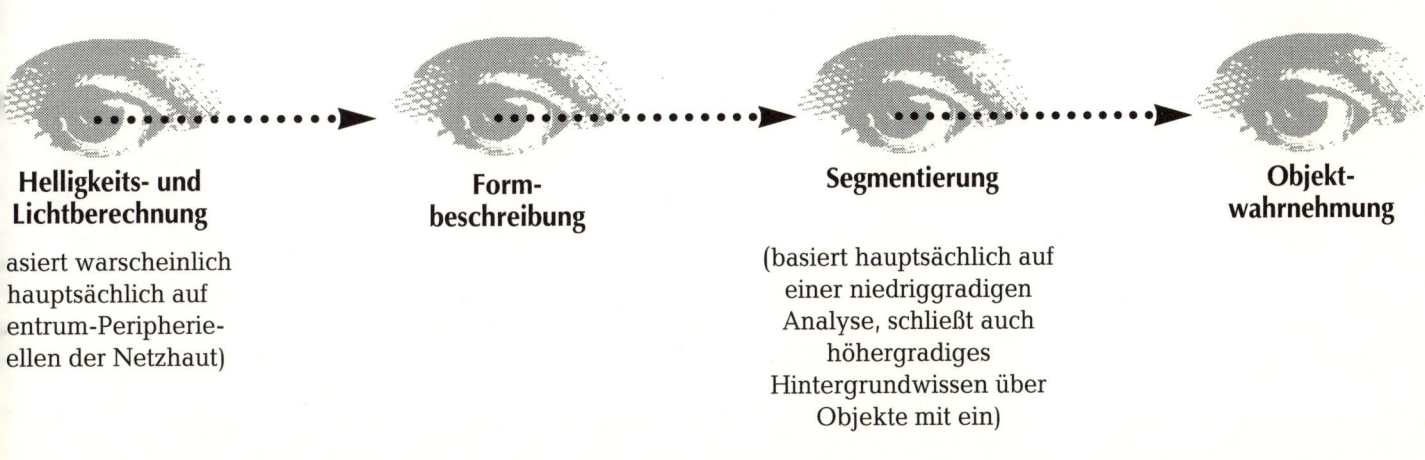

Helligkeits- und Lichtberechnung

asiert warscheinlich hauptsächlich auf entrum-Peripherie- ellen der Netzhaut)

Form- beschreibung

Segmentierung

(basiert hauptsächlich auf einer niedriggradigen Analyse, schließt auch höhergradiges Hintergrundwissen über Objekte mit ein)

Objekt- wahrnehmung

Ihnen vor, gleich zu Beginn das nachstehende Experiment durchzuführen und so den Unterschied zwischen zwei- und dreidimensionalem Sehen mit den eigenen Augen zu erfahren. Alle weiteren Überlegungen entwickeln sich dann ganz leicht und wie von selbst.

Experiment Nr. 4

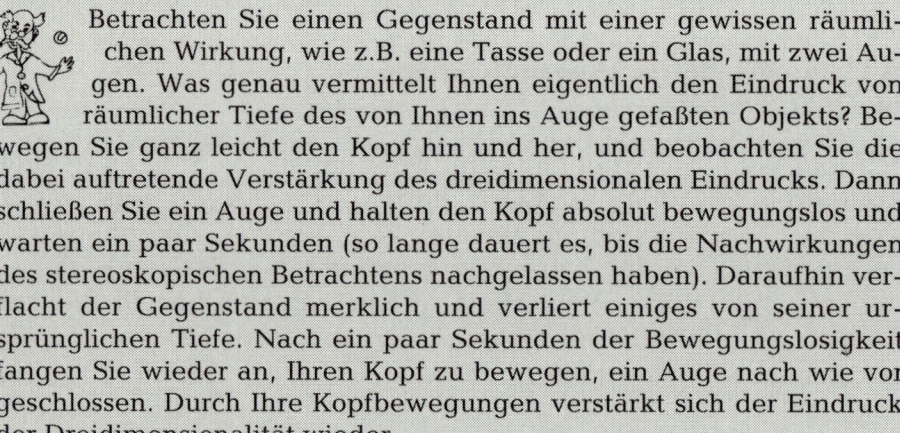 Betrachten Sie einen Gegenstand mit einer gewissen räumlichen Wirkung, wie z.B. eine Tasse oder ein Glas, mit zwei Augen. Was genau vermittelt Ihnen eigentlich den Eindruck von räumlicher Tiefe des von Ihnen ins Auge gefaßten Objekts? Bewegen Sie ganz leicht den Kopf hin und her, und beobachten Sie die dabei auftretende Verstärkung des dreidimensionalen Eindrucks. Dann schließen Sie ein Auge und halten den Kopf absolut bewegungslos und warten ein paar Sekunden (so lange dauert es, bis die Nachwirkungen des stereoskopischen Betrachtens nachgelassen haben). Daraufhin verflacht der Gegenstand merklich und verliert einiges von seiner ursprünglichen Tiefe. Nach ein paar Sekunden der Bewegungslosigkeit fangen Sie wieder an, Ihren Kopf zu bewegen, ein Auge nach wie vor geschlossen. Durch Ihre Kopfbewegungen verstärkt sich der Eindruck der Dreidimensionalität wieder.

Dieses kleine Experiment veranschaulicht sehr schön einige grundlegende Prinzipien der räumlichen Wahrnehmung. Als Sie mit nur einem Auge geschaut haben, dürfte der Eindruck von räumlicher Tiefe recht schwach gewesen sein. Dennoch verflacht auch beim monokularem Sehen (dem Sehen mit nur einem Auge) unsere Welt nicht vollends. Offenbar stehen dem Gehirn mehrere Informationsquellen zur Erschaffung eines dreidimensionalen Raums zur Verfügung. Als Sie dann anfingen, den Kopf zu bewegen, verstärkte sich der Eindruck von Raum zusehends, da Sie Ihrem Gehirn »Schnappschüsse« des Gegenstands aus verschiedenen Blickwinkeln boten, die es dann zur Erzeugung von Plastizität verarbeiten konnte. Am lebendigsten erschien Ihnen das Objekt wohl, als Sie es mit beiden Augen *und* bewegtem Kopf fixierten. In diesem Fall liefern die beiden Augen simultan ein Abbild des Objekts aus zwei verschiedenen

Blickwinkeln. Das zusätzliche Bewegen des Kopfes fügt diesem Eindruck nur noch mehr Informationen hinzu. Das folgende Zitat veranschaulicht diesen Prozeß auf ganz direkte Art und Weise: »Lies nicht mehr – schau! Schau nicht mehr – geh!« (Paul Celan)

Beim Betrachten mit nur einem Auge, bleibt trotz großer Einschränkungen ein gewisses Maß an räumlicher Tiefe bestehen. Dies liegt unter anderem an der Art des Lichteinfalls und der auf dem Gegenstand stattfindenden Helligkeitsberechnungen, die unserem Gehirn wichtige Informationen über die Lage des Körpers im Raum liefern. In der bildenden Kunst wird, um die Illusion von drei Dimensionen hervorzurufen, auf die geschickte Anwendung von Licht- und Schatteneffekten zurückgegriffen. Zudem bekommt Ihr Gehirn natürlich, wie beim Sehen mit zwei Augen, die klare Information, daß alle sich hinter bzw. vor dem Objekt befindlichen Körper unscharf sind. So entsteht eine bestimmte Relation bezüglich der Position dieser Objekte im Raum. Die weiter entfernten Körper erscheinen zudem noch kleiner, was wiederum recht genaue Aufschlüsse über deren Lokalisation erlaubt. Und im Zusammenspiel all dieser Faktoren entstehen genug Meldungen an das Gehirn, um diese vielfältigen Eindrücke zu einem Bild dreidimensionaler Struktur zu verschmelzen. Kommt dann noch Bewegung ins Spiel, ist die Tiefenwahrnehmung schon fast komplett. Wir werden im Kapitel über die Verbesserung der Sehfähigkeit mittels der 3D-Bilder noch ausführlich auf die entscheidende Rolle der Bewegung bei der Ausbildung eines gesunden Sehsinnes zu sprechen kommen.

Das Betrachten eines Gegenstands aus verschiedenen Perspektiven simuliert quasi das Sehen mit zwei Augen, indem es dem Gehirn alle beim Aufbau von Plastizität benötigten Informationen beschafft. Doch erst in der Kombination aus binokularem Sehen und Bewegung erreichen wir das größtmögliche Ausmaß an Vertiefung unseres optischen Raumes.

Die Querdisparation

Experiment Nr. 5

Betrachten Sie wieder einen beliebigen Gegenstand abwechselnd, erst mit dem einen Auge, dann mit dem anderen, und achten Sie vor allem auf die verschiedenen Perspektiven.

Das Objekt erscheint beiden Augen leicht unterschiedlich. Dieses Phänomen wird auch Querdisparation genannt und bildet die eigentliche Grundlage für stereoskopisches Sehen. Dieser geringfügige Unterschied ist letztlich eine geometrisch-optische Folge der Tatsache, daß sich unsere beiden Augen an verschiedenen Stellen unseres Kopfes befinden und somit Bilder unterschiedlicher Perspektive an die Netzhaut und damit ans Gehirn liefern, das diese beiden zweidimensionalen Eindrücke zu einem einzigen, dreidimensionalen Raum verschmilzt.

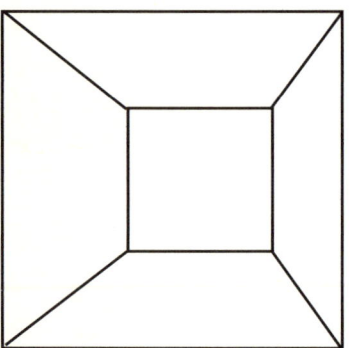 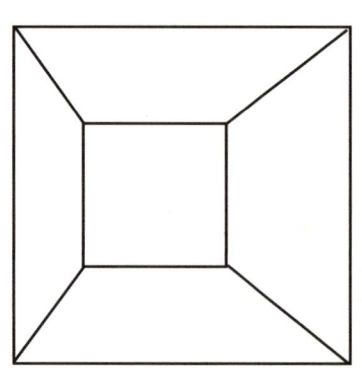

Experiment Nr. 6

Betrachten Sie nebenstehende Abbildung. Obwohl die beiden Bilder auf den ersten Blick recht ähnlich aussehen, weisen sie doch einige signifikante Unterschiede auf. Diese Unterschiede simulieren unserem Gehirn die verschiedenen Perspektiven beim binokularen Betrachten eines räumlichen Gegenstands. Überlappen Sie nun diese beiden Abbildungen mit einer der im ersten Kapitel beschriebenen Techniken, gewinnt diese Pyramide plötzlich an optischer Tiefe. Je nach Art der von Ihnen benutzten Sehweise kommt Ihnen die Pyramide entgegen oder erstreckt sich hinter die eigentliche Bildebene.

Abbildung Nr. 7

Im Grunde genommen basiert jedes Stereogramm auf genau diesem Prinzip der Querdisparation, wenngleich dieser Effekt bei modernen Stereogrammen natürlich viel besser getarnt ist. Doch müssen irgendwo in jedem stereo-optischen Bild zwei unterschiedliche Ansichten ein und desselben Objektes verborgen sein, um dem Gehirn die Möglichkeit zu geben, die dritte Dimension zu erzeugen. Das Interessante nun an diesem Phänomen ist, daß bei Stereovisionsbildern die Querdisparation das einzig mögliche Kriterium für die zum Vorschein kommenden 3D-Bilder sein kann, da die Bilder ja in vielen Fällen überhaupt keine weiteren Anhaltspunkte (wie z.B Licht und Schatten) für den Tiefeneindruck bieten. Das beweist, daß unser Gehirn schon vor den Hell-Dunkelberechnungen dazu in der Lage sein muß, räumliche Strukturen wahrzunehmen, und zeigt, welch ungeheure Bedeutung die Natur dem Gewahrsein von räumlicher Tiefe beimißt. Raum ist ein integraler Bestandteil unseres Lebens und zutiefst mit der Erfahrung eines Körperbewußtseins und damit von Bewegung verknüpft. Erst in der Bewegung erreicht unsere Wahrnehmung ihr volles Potential, und deshalb möchte ich am Ende dieses Abschnittes in Abwandlung des weiter oben angeführten Zitates sagen:

»Lies!
Dann schau!
Und geh!«

Erst der Raum – dann das Objekt

In der Abbildung Nr. 6 konnten Sie feststellen, daß im Gesamtprozeß der optischen Wahrnehmung die eigentliche Objekterkennung an letzter Stelle steht. Erst nachdem solche Berechnungen wie Helligkeit, Grauton- und Formbeschreibung angestellt worden sind, kommt es also zum Auffinden von Übereinstimmungen von eintreffendem Netzhautbild und schon gespeicherten Gedächtnisinhalten und somit zum wesentlichsten Schritt in unserer Wahrnehmung. An welcher Stelle des kognitiven Prozesses aber steht die Tiefenwahrnehmung? Dazu folgender Versuch:

Abbildung Nr. 8

Experiment Nr. 7

In den beiden nebenstehenden Bildern kann unser Auge auch beim besten Willen kein wie auch immer geartetes Objekt erkennen. Wenn Sie die zwei Abbildungen nun aber stereoskopisch verbinden, entsteht in der Mitte ganz deutlich sichtbar ein schwebendes Quadrat.

Damit diese Beobachtung Sinn ergibt, muß das menschliche Auge dazu in der Lage sein, den Tiefeneindruck der räumlichen Wahrnehmung zu berechnen, ohne vorher das Stadium der Objekterkennung durchlaufen zu haben. Der räumliche Gesichtspunkt unseres Sehsinnes wird also von unserem Gehirn offenbar als wichtiger eingestuft als der Aspekt der Objekterkennung. Unsere Fähigkeit, uns im dreidimensionalen Raum zu orientieren, besitzt demnach höchste Priorität, noch vor der eigentlichen Identifikation des gesichteten Objektes. Nun, wenn stereoskopisches Sehen noch vor der Objekterkennung stattfindet, auf welcher Verarbeitungsebene geschieht es dann? Aller Wahrscheinlichkeit nach erfolgt dieser Berechnungsschritt auf der Ebene der Formbeschreibung, d.h., Punkte, Linien, Flecken usw. werden in beiden Augen und Gehirnhälften als vorhanden beschrieben, und dann erfolgt die Verschmelzung dieser vormals getrennten Abbildungen.

Wer verschmelzt hier mit wem?

Bei den Kognitionswissenschaftlern herrscht ein großes Rätselraten um die Frage: »Wenn nun die binokulare Fusion auf der Ebene der Formbeschreibung stattfindet, wie weiß unser Gehirn eigentlich, welche der zahllosen möglichen Kombinationen an Links/Rechts-Bildpunkten gerade die Enstehung des Tiefeneindrucks zur Folge hat?« In jedem anderen, genauso wahrscheinlichen Fall wäre das Ergebnis der Verschmelzung bloß ein diffuser Punktenebel ohne erkennbare Konturen oder gar dreidimensionale Tiefe. Nun erfaßt unser Gehirn aber, trotz aller theoretischer Bedenken, fast mühelos das beim Programmieren der Bilder versteckte und beabsichtigte Objekt und liefert uns die einzig richtige Antwort. Auf geheimnisvolle Art und Weise löst unser Gehirn das Problem der möglichen Mehrdeutigkeit der Bildpunkte (»Verschmelze ich diesen Punkt mit jenem oder den mit jenem da oder wie?«) und präsentiert uns ein exaktes Motiv mit eingebauter Tiefe. Um ein anderes Bild zu bemühen: Aus einer beinah unendlichen und damit chaotischen Anzahl von Wahrscheinlichkeiten pickt sich das Gehirn diejenigen heraus, die in unserer Welt, auf unserem Planeten Sinn ergeben und uns eine gute Orientierung sermöglichen, geradeso, als besäße es eine von uns nahezu unabhängige Intelligenz. Daß dieser Gedanke mitten ins Schwarze trifft, werden wir in einem späteren Kapitel noch genauer verifizieren. Weit vor unseren bewußten Gedanken, Gefühlen und unserem Ich existiert eine Wesenheit, eine bestimmte Form von Bewußtsein, die so hinreißend sinnvoll arbeitet, daß wir gar nicht umhin können diesem »was auch immer« einen hohen Grad der Intelligenz zuzusprechen – denn was ist Intelligenz anderes, als Dinge auf eine sinnvolle Weise miteinander in bezug zu setzen? Daß wir *sehen* können, ist weit davon entfernt, eine Selbstverständlichkeit zu sein und ganze Lichtjahre entfernt von einer Art simpler fototechnischer Apparatur. Die Wis-

Wir sind Wahrnehmung. Wir sind Bewußtsein. Wir sind keine Objekte, wir haben keine feste Konsistenz, wir sind grenzenlos. Die Welt der festen Objekte ist ein Mittel, unsere Wanderschaft auf Erden angenehm zu machen. Sie ist nur eine Beschreibung, geschaffen, um uns zu helfen. Wir – oder besser: unsere Vernunft – vergessen gern, daß die Beschreibung nur eine Beschreibung ist, und so schließen wir die Ganzheit unseres Selbst in einen Teufelskreis ein, dem wir, solange wir leben, kaum entrinnen können.

Don Juan[5]

senschaft weiß, trotz oder gerade wegen ihrer ungeheuren Informationsfülle, im Grunde genommen nur wenig über die beim Sehen ablaufenden Prozesse: »Über diese Vorgänge wissen wir nichts oder nur sehr wenig; sie werden von unserem Unterbewußtsein gesteuert.« Jetzt frage ich Sie – was, in Gottes Namen, ist denn dieses Unterbewußtsein überhaupt? Was erklärt uns dieses Konzept eigentlich? Wir begreifen nichts, aber auch gar nichts von dem, was da eigentlich vor sich geht, sagen mal einfach so »Unterbewußtsein« dazu und glauben in unserer grenzenlosen Naivität des Rätsels Lösung schon gefunden zu haben. Wir, ich und Sie, sind in jeder Sekunde eingebettet in ein Netzwerk von solch unglaublicher Intelligenz und Schönheit, daß es mir fast die Sprache verschlägt – wir nennen das dann Unterbewußtsein und machen weiter wie bisher. Nennen Sie dieses Wunder, wie Sie wollen und wie es Ihrer Weltanschauung entspricht: Unterbewußtsein, Überbewußtsein, Höheres Selbst, Heiliger Schutzengel oder wie auch immer – seien Sie sich jedoch der Tatsache bewußt, daß es von AugenBlick zu AugenBlick das Mysterium unserer Wahrnehmung erschafft.

Die Intelligenz der Zellen

Wir haben gesehen, daß das Gehirn aus einer sehr hohen Anzahl von möglichen Fusionen diejenigen herausfiltert, die am Ende ein sinnvolles Bild ergeben. Wie genau das im einzelnen funktioniert, würde den Rahmen dieses Buches bei weitem sprengen, und für weitergehend interessierte LeserInnen möchte ich auf das Literaturverzeichnis hinweisen. Doch uns geht es ja in erster Linie um ein allgemeines Verständnis dieser Prozesse, die wie folgt ablaufen: Die einzelnen Zellen der Netzhaut bilden ein hochkomplexes Netzwerk, das einen in rasender Geschwindigkeit stattfindenden Informationsaustausch erlaubt. Bei der Entstehung der stereoskopischen Wahrnehmung kommt es nun zu einer Identifikation aller nur möglichen lokalen Fusionen, seien diese nun richtig oder falsch, d.h. liefern sie uns das beabsichtigte Tiefenbild oder tun sie es nicht.
Und Sie glauben ja gar nicht, wie viele dieser Fusionen »Schrott« sind! Die Aufgabe des Gehirns besteht jetzt darin, die vom Netzwerk

der Augen eintreffenden Informationen so zu berechnen, daß am Ende dieses Hergangs ein sinnvolles Bild entsteht. Dazu müssen Unmengen von falschen Fusionen erst erkannt und dann eliminiert werden, bis dann nur noch die richtigen übrig sind. Bei diesen hochkomplizierten Kalkulationen sehen sich sogar die ansonsten eher zurückhaltenden, nüchternen Naturwissenschaftler genötigt, von einer Art »Kooperativität« der Zellen zu sprechen (man sehe und staune!). Die einzelnen Zellen der Netzhaut arbeiten Hand in Hand, um uns den Eindruck räumlicher Tiefe zu vermitteln, und wissen dabei offensichtlich, was sie tun.

Das Auge der Weisheit

Nachdem wir einige grundlegende Gegebenheiten des Sehsinnes erkundet haben, wollen wir uns dem spannendsten und in seinen Implikationen weitreichendsten Teilgebiet der Physiologie Auge/Gehirn zuwenden: der Verbindung der Augen mit unserem Gehirn über die Schaltstelle der Zirbeldrüse.

Die Zirbeldrüse

Die folgenden Ausführungen basieren im wesentlichen auf der Arbeit von Serena Roney-Dougal, die mit ihrem Werk *Wissenschaft und Magie* ein bahnbrechendes Buch geschrieben hat. Ich möchte es jedem meiner LeserInnen wärmstens empfehlen. Genau in der Mitte unseres Gehirns sitzt ein ungefähr erdnußgroßes Organ, das dem alten Sprichwort »Klein, aber oho!« nun wirklich mächtig Wind in die Segel bläst: unsere Zirbeldrüse. Dieses tannenzapfenförmige Organ steht über unsere Sehnerven, die tief in unser Gehirn hineinreichen,

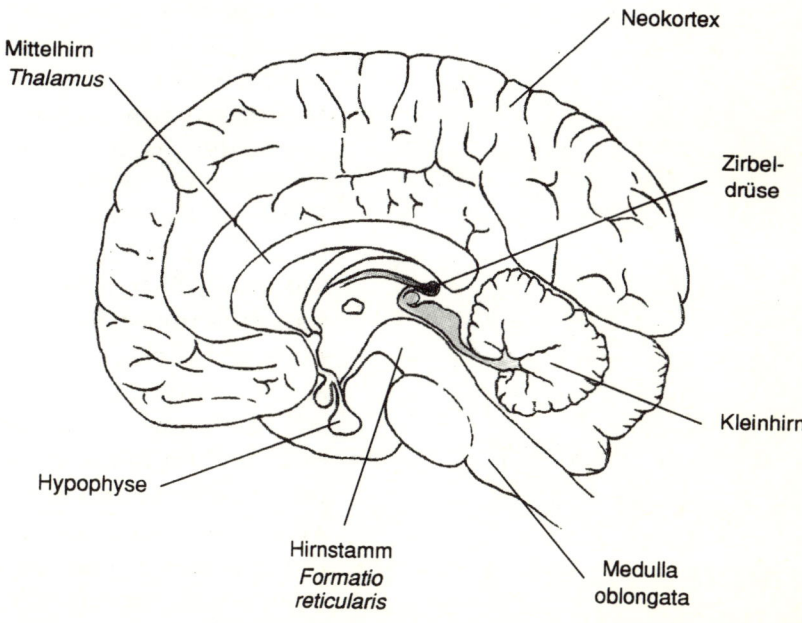

Abbildung Nr. 9

in intimen Kontakt zu unseren Augen. Nicht zuletzt aus diesem Grund wird die Zirbeldrüse bzw. deren Entsprechung im indischen Chakrensystem auch das »dritte Auge« genannt. Die Zirbeldrüse hat eine sehr interessante Vergangenheit; sie stellt ein Überbleibsel des dritten Auges dar, das sich bei vielen primitiven Wirbeltieren tatsächlich am Scheitel des Kopfes befand und bei den meisten Lebensformen im Laufe der Evolution langsam von der Oberfläche in die tieferen Bereiche des Gehirns abgesunken ist. Die Zirbeldrüse besitzt im allgemeinen ein sehr hohes Aktivitätsniveau, hat nach den Nieren den zweithöchsten Blutdurchfluß im menschlichen Körper und absorbiert dabei die höchste Menge an Phosphor. Sie ist der einzige Teil des Gehirns, der Serotonin (eine neurochemische Substanz, die in einem weiten Bereich psychischer Phänomene eine große Rolle spielt) in solch großen Mengen enthält oder gar dazu imstande ist, Melatonin (einen chemischen Verwandten des Serotonins) zu produzieren. Es gibt beispielsweise Untersuchungen, die besagen, daß medial veranlagte Menschen größere Zirbeldrüsen besitzen als andere.

Die Zirbeldrüse besitzt einige nicht uninteressante anatomische Besonderheiten: sie ist einpaarig (wo doch im Gehirn fast alles in zweifacher Ausführung vorkommt) und steht außerhalb des Einflußbereichs des »Balkens« (*corpus callosum*), der die beiden Gehirnhälften miteinander verknüpft. Die Zirbeldrüse ist also gleich in mehrfacher Hinsicht so etwas wie ein Einzelgänger, da sie zudem noch außerhalb der Blut-Hirn-Schranke steht (eine Membran, die unser Gehirn vor gefährlichen Stoffen im Blutkreislauf schützt) und ist deshalb genaugenommen gar kein eigentlicher Bestandteil des Gehirns. Dennoch übt diese Drüse einen so nachhaltigen Einfluß auf unseren gesamten Organismus aus, daß es nicht übertrieben ist, von ihr als einer Art Kommandozentrale des Gehirns zu sprechen. Die indischen Yogis gebrauchen bei der Beschreibung des Ajna-Chakras (eben des »dritten Auges«) eine ganz ähnliche Terminologie. Weiterhin steht die Zirbeldrüse mit der Hypophyse in Kontakt, die ihrerseits großen Einfluß auf eine große Anzahl biochemischer Prozesse in unserem Organismus hat. Untersucht man beispielsweise nach der Verabreichung von LSD das Vorkommen dieser Droge im Gehirn, so finden sich die höchsten Konzentrationen in der Hypophyse und in der Zirbeldrüse.

Doch lassen Sie uns nun die »Kinder« der Zirbeldrüse, namentlich Serotonin und Melatonin, etwas genauer unter die Lupe nehmen.

Serotonin und Melatonin – gehirneigenes LSD

Serotonin und Melatonin sind sogenannte Neurotransmitter, d.h., sie tragen Sorge für die Übermittlung von Nervenimpulsen von einer Nervenzelle zur anderen. Sie sind chemisch sehr eng verwandt und steuern eine ganze Reihe physischer und psychischer Prozesse, angefangen bei Schlaf- bzw. Tag-Nacht-Zyklen bis hin zu psychedelisch-halluzinogenen Zuständen. In der Zirbeldrüse ist die Konzentration des Hormons Serotonin ca. 50mal höher als in irgendeiner anderen Gehirnregion. Serotonin kann von der Zirbeldrüse in eine ganze Anzahl von stark wirksamen Halluzinogenen verwandelt werden. So weisen bestimmte Drogenarten, die z.B. von südamerikanischen Stämmen für religiöse Zeremonien gebraucht werden, bezüglich ihrer chemischen Beschaffenheit eine verblüffend große Ähnlichkeit mit Serotonin auf. Inmitten unseres Gehirns sitzt also eine winzige Drogenfabrik, die uns, nur für sich allein genommen, in psychische Zustände hineinkatapultieren kann, daß es einem Albert Hofmann Tränen der Freude in die Augen treiben würde. Doch wie kommt es nun zur Aktivierung dieser Prozesse? Lassen Sie uns vor der Beantwortung dieser Frage noch ein wenig genauer auf diese faszinierenden Zusammenhänge eingehen.

Dazu eine hübsche kleine Anekdote am Rande: Der Baum, unter dem Buddha seine Erleuchtung erlangte, ist der Bo-Feigenbaum und gilt bei den Indern als heilig. Und siehe da: In ihm sind außergewöhnlich hohe Mengen an Serotonin zu finden!

Kontrollierte Schizophrenie

In Jane Roberts Buch *Die Natur der persönlichen Realität* spricht Seth, die von Jane Roberts gechannelte Bewußtseinsform, von einer direkten und sehr unmittelbaren Einflußmöglichkeit auf unseren alltäglichen Bewußtseinszustand durch die Veränderung unserer Schlafgewohnheiten. Im Licht der von uns gewonnen Erkenntnisse

Eben diese Welt ist der Lotos des Reinen Landes, und eben dieser Körper ist der Körper Buddhas.

Zen-Meister Hakuin

betrachtet, ist dieses Phänomen nicht weiter verwunderlich, da unsere Schlafzyklen vom psychoaktiven Stoff Serotonin mitbeeinflußt werden. Eine Veränderung unserer Schlafgewohnheiten hin zu kürzeren Schlafperioden, führt laut Seth demnach auch zu einer verstärkten Produktion von eben diesem Serotonin. An dieser Stelle sei noch erwähnt, daß z. B. schizophrene Menschen oftmals unter Schlafstörungen leiden und dann auch die höchsten Serotoninkonzentrationen in der Zirbeldrüse dieser Menschen gefunden werden. Demnach führt die Befolgung der Ratschläge von Seth bezüglich der schrittweisen Veränderung unseres Schlafrhythmus, um es unverblümt zu sagen, zu einer Art kontrollierter Schizophrenie. Die Geisteszustände schizophrener Menschen und solcher Menschen, die ihr Bewußtsein mittels Drogen, Meditation oder eben dem magischen Blick verändern, dürften so unterschiedlich gar nicht sein; nur, daß die einen ihren Bewußtseinszustand den alltäglichen Anforderungen gemäß induzieren können und die anderen den geöffneten Türen ihrer geistigen Räume mehr oder weniger hilflos ausgeliefert sind. Von unserer Betrachtungsweise der Schizophrenie als pathologischem Befund, bis hin zu den Visionen spirituell praktizierender Menschen ist es nur ein kleines, aber entscheidendes Stück Weg.

Geisterstund' hat Melatonin im Mund

Die Zirbeldrüse kann auch als neurohormonaler Feedbackmechanismus angesehen werden, der die Aufgabe einer Anti-Streß-Regulation innehat. Wenn Menschen nun für paranomale Phänomene sensibilisiert sind, hat das häufig auch eine gewisse psychische Labiltät zur Folge. In anderen Kulturen werden diese Menschen gelehrt, ihre außergewöhnlichen Gaben zu ihrem und dem Wohle aller zu nutzen und dennoch emotional stabil zu bleiben. In unserer Gesellschaft stempelt man sie schlicht als verrückt ab und isoliert sie häufig in nur schlecht getarnten Gefängnisanstalten, die unter dem Decknamen »Psychiatrie« laufen. Vielleicht, weil diese Menschen uns Dinge zu berichten hätten, die partout nicht in unser festgefügtes Weltbild passen wollen? Ich kann jedem Leser, der sich für diese Zusammenhänge interessiert, das ausgezeichnete Seth-Buch von Jane Roberts nur wärmstens empfehlen. Dieses Buch wurde um 1970 herum geschrieben und nimmt psychologische Theorien vorweg, die jetzt erst langsam ihren Einzug in die therapeutischen Schulen halten. Auch wenn Sie nichts von irgendwelchen Geistwesen halten, kann dieses Buch eine enorme Bereicherung Ihres Lebens darstellen. Am Ende ist es ja nur das »Unterbewußtsein« von Jane Roberts, das da spricht. Ach, wie war noch mal die genaue Definition von »Unterbewußtsein«…?

Melatonin, ein enger chemischer Verwandter von Serotonin, wird ebenfalls in der Zirbeldrüse hergestellt und findet sich auch in unserer Netzhaut wieder! Ein weiterer Anhaltspunkt für die Annahme, daß unsere Augen und die Zirbeldrüse in einer engen Wechselbeziehung zueinander stehen! In der Netzhaut also, dem Ausgangspunkt aller Vorgänge des Sehens, befindet sich eine hochgradig psychoaktive Substanz. Wenn *das* keine freudige Nachricht für alle Stereovisionsbegeisterten ist, die obendrein noch ein Faible für bewußtseinserweiternde Techniken haben! Ist es da noch verwunderlich, wenn die Zirbeldrüse, das »dritte Auge«, als Hauptsitz für paranormale Phänomene und außersinnliche Wahrnehmung gilt? Außerdem steuert Melatonin die Pigmentierung unserer Augen und hat damit erheblichen Einfluß auf das Lichtquantum, das die Photorezeptoren der Netzhaut erreicht – in denen ebenfalls Melatonin vorkommt. Die magisch arbeitenden Menschen aller Zeiten haben um diese Vernetzungen gewußt und bestimmte Farben und spezielles Licht in ihren Ritualen zum Einsatz gebracht. Das Melatonin fungiert darüber hinaus auch auf neuronaler Ebene und ruft beim Eintritt der Dunkelheit Schläfrigkeit hervor. Es erreicht seinen absoluten Aktivitätshöhepunkt drei bis sechs Stunden nach Beginn der Dunkelheit! Die Geisterstunde hat wohl ihren Namen völlig zu Recht, da unser Gehirn in diesen Stunden für paranormale Wahrnehmungen in besonders hohem Maße prädestiniert ist.

Experiment Nr. 8

Um die oben beschriebenen Vorgänge aktiv in unser Training miteinzubeziehen, schlage ich Ihnen vor, heute einmal zu etwas fortgeschrittener Stunde mit den magischen Bildern zu experimentieren. Suchen Sie sich dazu einen ungestörten Platz mit mäßiger Beleuchtung. Lassen Sie sich ca. eine halbe Stunde oder auch länger Zeit, um ein Gefühl für die in Ihnen ablaufenden Prozesse zu entwickeln. Denken Sie daran: In dieser Zeit sind die Pforten zu anderen Wahrnehmungsbereichen nur leicht angelehnt. In diesen Stunden befindet sich Ihr Gehirn in einem äußerst sensitiven Wahrnehmungsbereich. Diese Zeit läßt sich hervorragend für paranormale Aktivitäten aller Art verwenden.

Magier, Hexen, Psychonauten

Sowohl in der Zirbeldrüse als auch in der Netzhaut gibt es eine weitere Klasse von Stoffen, die bei Einnahme von größeren Mengen ebenfalls stark halluzinogen wirken: die sogenannten Beta-Karboline. Diese Wirkstoffklasse besitzt in ihrem chemischen Aufbau ebenfalls eine beeindruckende Ähnlichkeit mit den in diversen Ritualpflanzen vorgefundenen Inhaltsstoffen. Die wesentliche Aufgabe der Beta-Karboline besteht im Behindern des Abbaus von Serotonin und sorgt damit für eine Anhäufung dieses Hormons in den Synapsen. Einige dieser Beta-Karboline besitzen zudem noch schmerzstillende Wirkung, da sie in der Lage sind, sich an gehirneigene Opiatrezeptoren zu binden. Alles in allem also eine recht muntere Stoffklasse!

Visuelle Symptome wie Lichtblitze und ähnliches, wie sie bei paranormalen Wahrnehmungen manchmal auftreten, könnten ihren Ursprung durchaus in der Netzhaut haben, da dort die Beta-Karboline recht zahlreich vertreten sind. Bei der Einnahme von Harmalin – ei-

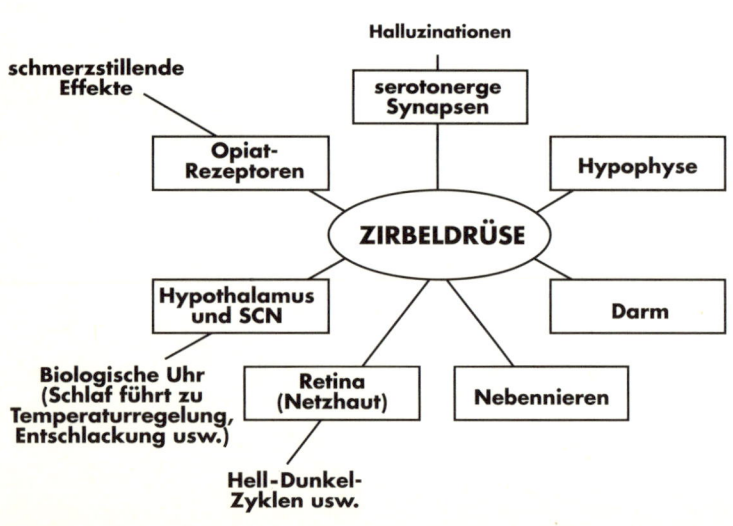

Abbildung Nr. 10

nem bestimmten Beta-Karbolin – können elektrische Veränderungen in der Retina des Auges noch vor irgendwelchen Verschiebungen im elektrischen Gleichgewicht der Hirnrinde gemessen werden. Zu diesen Veränderungen zählen in erster Linie die signifikante Zunahme von Alpha- und die Abnahme von Betawellen.
In diesem Kontext noch ein weiteres, besonders spannendes Detail: Unter diesen Beta-Karbolinen findet sich ein Hormon mit dem Namen Pinolin. Diese Verbindung besitzt eine große Ähnlichkeit mit Hermalin, und von seiner Wirkungsweise her ähnelt es dem Melatonin. Die Einnahme von Hermalin (das auch in einer von den Schamanen benutzten Amazonasliane vorkommt) verursacht unter anderem Visionen, lebendige Halluzinationen, einen Zustand der Inspiration und gesteigerter Selbswahrnehmung und – ich wage kaum es niederzuschreiben – *Schwierigkeiten beim Fokussieren der Augen!*
Trainieren Sie nun fleißig mit den in diesem Buch beschriebenen Übungen, kehren Sie den oben beschriebenen Vorgang um: Beim Defokussieren Ihrer Augen werden chemische Prozesse in Ihrem Gehirn in Gang gebracht, die mit der Aktivierung all dieser Neurotransmitter zusammenhängen dürften. Dies könnte auch der Grund dafür sein, warum viele Menschen so stark auf die magischen Bilder reagieren. Beim Betrachten der Stereovisonsbilder werden in ihrem Gehirn eine Reihe bewußtseinsverändernder Substanzen aktiviert.
Die Wissenschaft scheint uns hier nur wieder einmal zu bestätigen, was Menschen aus der Welt der Magier, Hexen, Schamanen und sonstigen Psychonauten schon immer gewußt und praktiziert haben: Unsere Welt ist in ihren Grundfesten zutiefst magisch, und selbst bei einer rationalen Vorgehensweise stoßen wir doch früher oder später an die Grenzen des Verstandes, an die Pforten der erweiterten Wahrnehmung. Klopfen Sie an, und es wird Ihnen aufgetan.

Das Zyklopen-Auge

Die Aktivitäten der Zirbeldrüse werden zum großen Teil von speziellen Kernen im Hypothalamus mobilisiert, und der weitaus größte Teil des Melatonin kommt in den Kernen vor, die direkt an unseren Sehnerven liegen. Auf diesem Weg gelangt das Melatonin dann auch direkt in unsere Netzhaut. Die genauen chemischen Abläufe sind noch längst nicht alle geklärt, doch sprechen schon viele Indizien dafür, daß aus genau diesem Grund ein direkter Zusammenhang zwischen den Techniken des stereoskopischen Blicks und dessen unmittelbaren Auswirkungen auf unseren Bewußtseinszustand besteht.

Im System der Chakren, das sich übrigens immer mehr als erstaunlich genaue und detaillierte Beschreibung der im Menschen ablaufenden physischen und psychischen Prozesse entpuppt, gilt das sechste Chakra, auch Stirnchakra, Ajna-Chakra, oder wie bereits erwähnt, »drittes Auge« genannt, als Sitz für den weiten Bereich der paranomalen Fähigkeiten wie Telepathie, Geistheilung und aller Formen der außersinnlichen Wahrnehmung. Es wird als oberste Kommandozentrale des gesamten Nervensystems angesehen, von dem Impulse ausgehen, die bei der Schöpfung unserer individuellen Realität eine entscheidende Rolle spielen. Das »Auge der Weisheit«, wie dieser Energiepunkt auch bezeichnet wird, gilt als Sender und Empfänger der dem Menschen innewohnenden göttlichen Gaben. Von hier aus wird unsere Realität im Zusammenspiel von gedanklichen und emotionalen Energien manifestiert und kann auch wieder entmaterialisiert werden. Immer, wenn Sie einen starken Wunsch hegen und dieser dann auch in Erfüllung geht, stammen die ursprünglichen Impulse zur Manifestation dieses Begehrens vom Ajna-Chakra. Wir werden in einem späteren Kapitel noch sehen, daß es für diese geheimnisvollen Vorgänge sogar schon wissenschaftlich gesichertes Beweismaterial gibt. Weitere sehr schön klingende Namen für diese Stelle genau zwischen unseren Augen, inmitten der Stirn, sind »die flammende Perle« oder »der leuchtende Fleck«, und sie alle symbolisieren Einheit, Gleichgewicht und die Fähigkeit, die Dinge ganz und unter dem Aspekt der Ewigkeit zu sehen.

In dir selbst liegt die ganze Welt, und wenn du zu schauen und zu lernen verstehst, findet sich auch die Tür und der Schlüssel in deiner Hand. Kein Mensch auf Erden kann dir den Schlüssel geben oder die Tür öffnen. Du kannst es nur selbst.

J. Krishnamurti[6]

Die Augen – das visuelle Gehirn

Unsere Augen werden nicht zu Unrecht auch als vorgeschobener Teil des Gehirns bezeichnet. Das rührt nicht nur allein von der Tatsache her, daß die Augen über die Sehnerven in so unmittelbarem Kontakt mit dem Gehirn stehen, sondern auch daher, daß die Netzhaut bei einem Fötus aus embryonalem Hirngewebe gebildet wird. Deshalb wird die Netzhaut von einigen Kognitionswissenschaftlern auch – beinahe liebevoll – als visuelles Gehirn bezeichnet.

Denken Sie nur: Zu Beginn unserer Reise durch das Gebiet der Physiologie des Auges und des Gehirns haben wir von einer dem Auge innewohnenden Intelligenz gesprochen, als es darum ging, Worte und Erklärungen für die Entstehung der Tiefenwahrnehmung zu finden, – und nun stellt sich zu guter Letzt heraus, daß die Netzhaut ihrem Ursprung nach tatsächlich mit dem Gehirn verwandt ist!

Mir scheint, wir haben nun genügend Material zusammengetragen, um die Erfahrungen mit und durch das magische Sehen auf ein stabiles und gesundes Fundament zu stellen und diese zum Teil doch recht phantastisch anmutenden Dinge auf den Boden der Tatsachen zu bringen und damit zu erden. Viele Facetten unserer Wahrnehmung können mit den heutigen technischen Mitteln noch gar nicht vollständig verstanden werden. Unser Ziel sollte sein, einen Rahmen zu finden, der Gemeinsamkeiten von Naturwissenschaft und spirituellen Disziplinen aufzeigen kann. Über all diese Dinge muß gesprochen werden, und nun liegt eine Sprache vor, die Verständigungsbrücken über die sonst so tief klaffenden Abgründe dieser beiden Weltmodelle bauen kann.

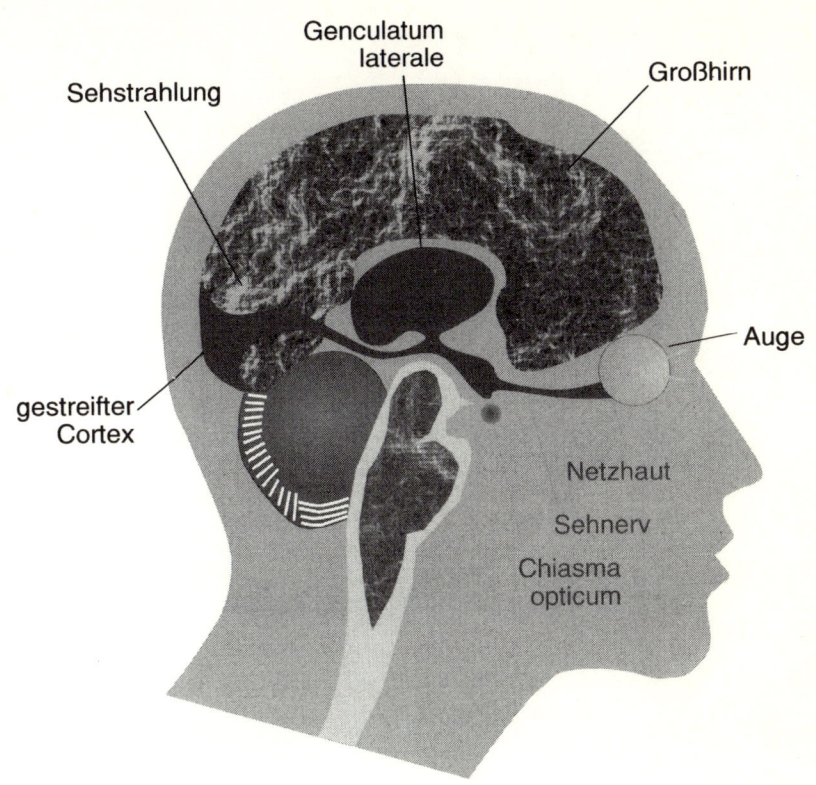

Abbildung Nr. 11

Kapitel 4

Die Verbesserung der Sehfähigkeit mit Hilfe der 3D-Bilder

Einführung

In diesem Kapitel werden wir uns mit Sehstörungen und Fehlsichtigkeit auseinandersetzen. Mir fällt gerade im Moment auf, was eigentlich in dem Wort »Fehlsicht« steckt: eine falsche Sicht der Dinge, eine nicht korrekte Sichtweise, physiologisch wie auch psychologisch gesprochen. Die Funktionsweise unserer Augen ist auf ungeheuer komplexe und innige Art und Weise mit dem gesamten Organismus gekoppelt und keineswegs eine für sich alleinstehende und isolierte Einheit.

Im vorigen Kapitel haben wir uns mit den grundlegenden physiologischen Prozessen des Sehens befaßt. Dieses Wissen wollen wir jetzt praktisch anwenden und uns die Frage stellen: »Wie wirken sich die 3D-Bilder eigentlich auf meine Augen aus, und kann ich durch ihre Betrachtung eventuell eine Verbesserung meiner Sehfähigkeit erreichen?« Die Antwort auf diese Frage ist ein eindeutiges und klares Ja!

Mit Hilfe der Stereovisionsbilder können Sie ganz gezielt alte, überkommene und schlechte Sehgewohnheiten über Bord werfen. Lassen Sie mich hierzu ein wenig ausholen und einige der neuesten Erkenntnisse auf dem noch recht jungen Gebiet der ganzheitlichen Augenheilkunde anführen. Ähnlich wie man bei der Erklärung der beim Sehen stattfindenden Prozesse früher die Analogie Kamera zu Hilfe zog, wurde auch auf dem Sektor der Augenheilkunde der menschliche Sehsinn bisher als völlig isoliert vom restlichen Organismus be-

Ein Mönch fragte seinen Meister: »Was ist das, mein Selbst?« Der Meister antwortete: »Tief in deinem Selbst ist etwas verborgen, mit dessen verborgenem Tun du dich vertraut machen mußt.« Darauf bat der Mönch, er möge ihm sagen, was das für ein verborgenes Tun sei. Der Meister öffnete nur die Augen und schloß sie wieder.

Frederick Franck[1]

trachtet. Kam es zu Sehstörungen, setzte man da an, wo die Störungen offenbar auftraten, und behandelte – rein symptombezogen – einfach am Auge selbst. Die Vorstellung, daß unser Sehvermögen in eine große Bandbreite an psychischen und physischen Prozessen eingebunden ist, war eine kaum anzutreffende Seltenheit, und so schickte man Leute, bei denen Anzeichen von Fehlsichtigkeit auftraten, schlicht zum Onkel Augendoktor, der ihnen dann – schwuppdiwupp – eine Brille verpaßte.

Ich bemerke gerade, daß ich es so formuliere, als hätte dies alles im finsteren Mittelalter stattgefunden, und muß zu meinem Leidwesen eingestehen, daß dem absolut nicht so ist. Auch heute noch werden viele Menschen mit Sehstörungen so behandelt, als wäre ihnen durch ihre Fehlsichtigkeit ein ungerechter Schicksalsschlag widerfahren, der nur durch eine Sehhilfe wieder auszubügeln ist. Diesen Menschen wird von vornherein die Verantwortung für ihre Sehschwäche abgenommen, doch steht ihnen diese Verantwortung nach neuestem Wissenstand der Augenheilkunde durchaus, sogar in sehr hohem Maße, zu. Der unangenehme Nebeneffekt dieser reinen Symptombehandlung ist, daß es im Laufe der Zeit zu immer größer werdender Fehlsichtigkeit und damit zu immer stärkeren und dickeren Brillen kommt. Was zumindest den kosmetischen Gesichtspunkt anbelangt, wurde auch hier eine ausgeklügelte Lösung schnell gefunden: die (fast) unsichtbaren Kontaktlinsen, die nun auch vor den Mitmenschen den mitunter hohen Grad an Fehlsichtigkeit geschickt verbergen.

Zum Glück fangen heutzutage viele Menschen an, sich nach den Gründen für ihre Fehlsichtigkeit zu fragen, und nehmen ihre Sehstörung nicht einfach als eine Art schlechtes Karma oder einen Schicksalsschlag hin. Ich möchte auf den folgenden Seiten auf einige physiologische und psychologische Hintergründe der Fehlsichtigkeit eingehen und aufzeigen, wie Sie mit Hilfe der stereoskopischen Bilder positiven Einfluß auf den Grad Ihrer Sehschärfe nehmen können. Diese Methode wird selbstverständlich keine sofortigen Wunder bewirken – obwohl in einigen Fällen zu Beginn eines gezielten Augentrainings schon von Spontanheilungen berichtet worden ist, die sich allerdings im Laufe der Zeit wieder auf ein »normales« Maß reduzierten. Längerfristig gesehen können Sie mit Hilfe dieser Übungen lernen, die Sehkraft Ihrer Augen wieder deutlich zu verbessern. *Achtung*: Wir sprechen in diesem Buch ausschließlich von Kurz- bzw. Weitsichtigkeit, die hauptsächlich durch einen falschen Gebrauch der Augen verursacht wird, und nicht von schweren physiologischen Augenkrankheiten, wie z.B. dem grünen Star oder ähnlich schweren Erkrankungen der Augen. Doch selbst in solchen Fällen kann oftmals eine deutliche Linderung der dabei auftretenden Symptome erreicht werden.

Die Augenschule des Dr. W. H. Bates

Es ist natürlich sehr schwer, hier eine eindeutige Trennlinie zu ziehen und zu sagen: Hier fangen physiologische oder erblich bedingte Krankheitsbilder an, und dort hören die psychosomatischen Beschwerden auf. Es hat sich inzwischen gezeigt, daß selbst schwere Augenleiden durch das Vermeiden schlechter Sehgewohnheiten zu verhindern gewesen wären. Ich verdanke viele der hier angeführten Tatsachen Aldous Huxley (richtig, genau dem, der ab und an auch mit Mescalito Brüderschaft getrunken und daraufhin das phantastische Buch *The Doors of Perception* – »Die Pforten der Wahrnehmung« schrieb) und seinem Buch *Die Kunst des Sehens*. Huxley selbst war seit seinem 16. Lebensjahr an einem schweren Augenleiden erkrankt, was ihn im Laufe der Jahre fast erblinden ließ. Als selbst die stärksten Sehhilfen nicht mehr anschlugen, hörte er von der Augenschule des genialen Dr. W. H. Bates, auf dessen Forschungen die gedanklichen Ansätze des Aldous Huxley und auch meine folgenden Ausführungen über die physiologischen Ursachen der Fehlsichtigkeit beruhen. Huxley konnte unter der Anwendung dieser Methode einen entscheidenden Schritt zur Wiedererlangung einer verbesserter Sehfähigkeit tun und sogar seine seit 25 Jahren unverändert schlecht gebliebene Hornhauttrübung wieder aufhellen. Wie schwer Ihr Augenleiden auch immer sein mag: Mit der von Dr. Bates entwickelten Methode können Sie auf jeden Fall sehr positiven Einfluß auf den Krankheitsverlauf nehmen.

Abbildung Nr. 12

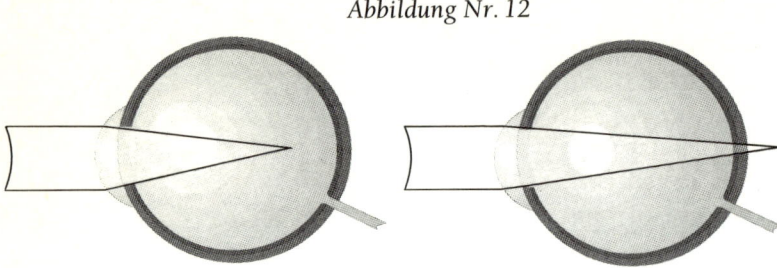

Kurzsichtigkeit   Weitsichtigkeit

*Das Auge gibt dem Körper
Licht. Wenn dein Auge ge-
sund ist, dann wird dein
ganzer Körper gesund sein.*

Mattäus 6,22

Die physiologischen Ursachen von Fehlsichtigkeit

Damit das auf der Netzhaut eintreffende Licht möglichst genau auf die Netzhautmitte fällt (wo die
schärfste Stelle unseres Sehens sitzt), wird es durch
die gewölbte Hornhaut und durch die Krümmung
der Linse gebrochen. Bei Kurz- oder Weitsichtigkeit
werden die einfallenden Lichtstrahlen nicht auf die
Netzhautmitte, sondern zu weit davor oder dahinter
projiziert. Dadurch entsteht ein unscharfes Abbild
auf der Netzhaut, die dann natürlich auch nur verschwommene Bilder an das Gehirn weiterleiten kann. Durch Einsatz einer Sehhilfe
wird der eintreffende Lichtstrahl dahingehend gebrochen, daß er, obwohl ja eigentlich eine Fehlstellung der Augen und damit der Netzhaut vorliegt, wieder auf die Netzhautmitte trifft.

Das Ganze hat einen nicht unerheblichen Nebeneffekt: Die Au-
gengläser verhelfen den Menschen zwar wieder zu normalem Sehen,
an den Ursachen für die Fehlsichtigkeit hat sich damit jedoch nicht
das Geringste geändert. Im Gegenteil: Die im Gehirn eintreffenden
Informationen werden nun vom optischen System dahingehend in-
terpretiert, daß es am ursprünglichen Fehlverhalten nichts ändern
muß, ja gerade dazu gezwungen wird, weiterhin an seinem für die
Sehstörung verantwortlichen Starren festzuhalten. So wird einer weiteren Verschlechterung Tür und Tor geöffnet und natürliche, unseren
Augen innewohnende Selbstheilungskräfte werden dadurch obendrein erschwert, wenn nicht gar blockiert. Damit ist der Teufelskreis
des schlechten Sehens, der sich immer wieder aufs neue bedingt, geschlossen. Sehen Sie, Fehlsichtigkeit hat eine der Hauptursachen in
schlechten Sehgewohnheiten, und werden diese schlicht ignoriert,
verfestigen sie sich nur noch mehr, was zu einer immer größer wer-
denden Behinderung führt. Wie so oft hat unsere Schulmedizin auch
hier den bequemsten, wenngleich längst nicht effektivsten Weg gewählt: die Symptomatik im tieferen Sinne des Wortes zu bekämpfen –
durch das *Ausschalten* der Symptome –, die eigentlich eine wichtige
Botschaft für uns bereithielten, würden wir uns nur einmal die Mühe
machen, dieser Stimme Gehör zu schenken. Die wahren, unter der

Oberfläche liegenden Gründe gehen oftmals den Bach der fehlenden Aufmerksamkeit hinunter. Fehlsichtigkeit ist in den meisten Fällen ein deutlicher Hinweis auf Unstimmigkeiten beim sinnvollen, den Augen gemäßem Einsatz und oftmals auch ein deutlicher Fingerzeig auf tiefere, den Symptomen zugrundeliegenden emotionalen Ursachen.

Wie wird nun die Linse, deren Lichtbrechungsfaktor so maßgeblichen Einfluß auf unser Sehvermögen besitzt, eigentlich gekrümmt? Wie Sie in dieser Skizze sehen können, wird die Aufhängevorrichtung der Linse durch den Ziliarmuskel ent- bzw. gespannt, und in der Folge kommt es zur verdickten oder abgeflachten Form der Linse. Nun spielt aber nicht zuletzt die Gestalt des gesamten Augapfels eine wichtige Rolle bei der korrekten Brennpunkteinstellung. Diese wird durch die Augenmuskulatur, die den Augapfel umgibt, modifiziert. Der gesamte hier beschriebene Vorgang wird auch Akkommodation genannt.

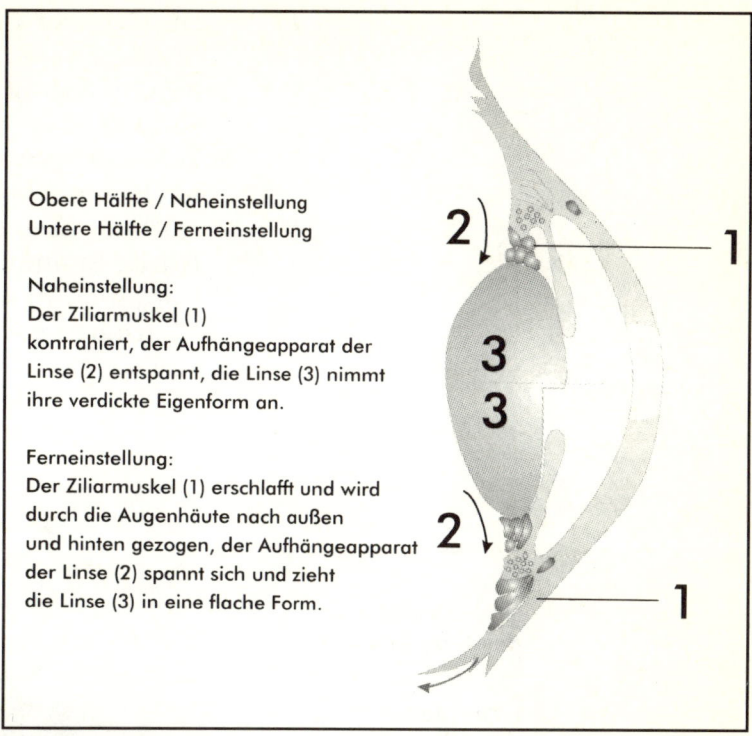

Obere Hälfte / Naheinstellung
Untere Hälfte / Ferneinstellung

Naheinstellung:
Der Ziliarmuskel (1) kontrahiert, der Aufhängeapparat der Linse (2) entspannt, die Linse (3) nimmt ihre verdickte Eigenform an.

Ferneinstellung:
Der Ziliarmuskel (1) erschlafft und wird durch die Augenhäute nach außen und hinten gezogen, der Aufhängeapparat der Linse (2) spannt sich und zieht die Linse (3) in eine flache Form.

Abbildung Nr. 13

Experiment Nr. 9

Bei dieser Übung werden wir ganz bewußt die Akkommodationsfähigkeit unserer Augen und damit auch deren Flexibilität trainieren. Halten Sie hierzu eine beliebige Tafel so vor Ihr Gesicht, daß Sie sie bequem und ohne große Schwierigkeiten sehen können. Führen Sie sie dann ganz langsam von Ihren Augen weg, aber so, daß Sie den Blick in der dritten Dimension verankert lassen. Dann ziehen Sie das Bild wieder auf sich zu, sogar über den Ausgangspunkt hinaus noch näher an Ihre Augen, soweit, daß Sie das 3D-Bild noch sehen können. Fangen Sie langsam an, diesen Vorgang zu beschleunigen und das Bild immer schneller vor und zurück zu bewegen. Diese Übung kann gerade die ersten Male recht anstrengend sein. Überanstrengen Sie Ihre Augen deshalb dabei nicht und legen Sie bei den ersten Anzeichen von Unwohlsein eine Pause ein. Schließen Sie die Augen dann für einen Moment und genießen das Nichtstun ...

Durch diese Übung wird in erster Linie eine korrekte Einstellung des Brennpunktes, welcher durch die äußeren Augenmuskeln reguliert wird, geschult. Dabei werden die Augenmuskeln gedehnt und beansprucht, was nach jahrelanger Untätigkeit sogar zu einer Art Muskelkater führen kann. Gehen Sie deshalb wie ein Sportler vor, der nach einer langen Verletzungspause wieder ein ganz bedächtiges Aufbautraining beginnt.

Durch Spannung, respektive Entspannung also werden wesentliche Vorgänge des Sehens gesteuert. Um es anders auszudrücken: Viele Menschen mit einer Sehschwäche haben eine verkümmerte und un-

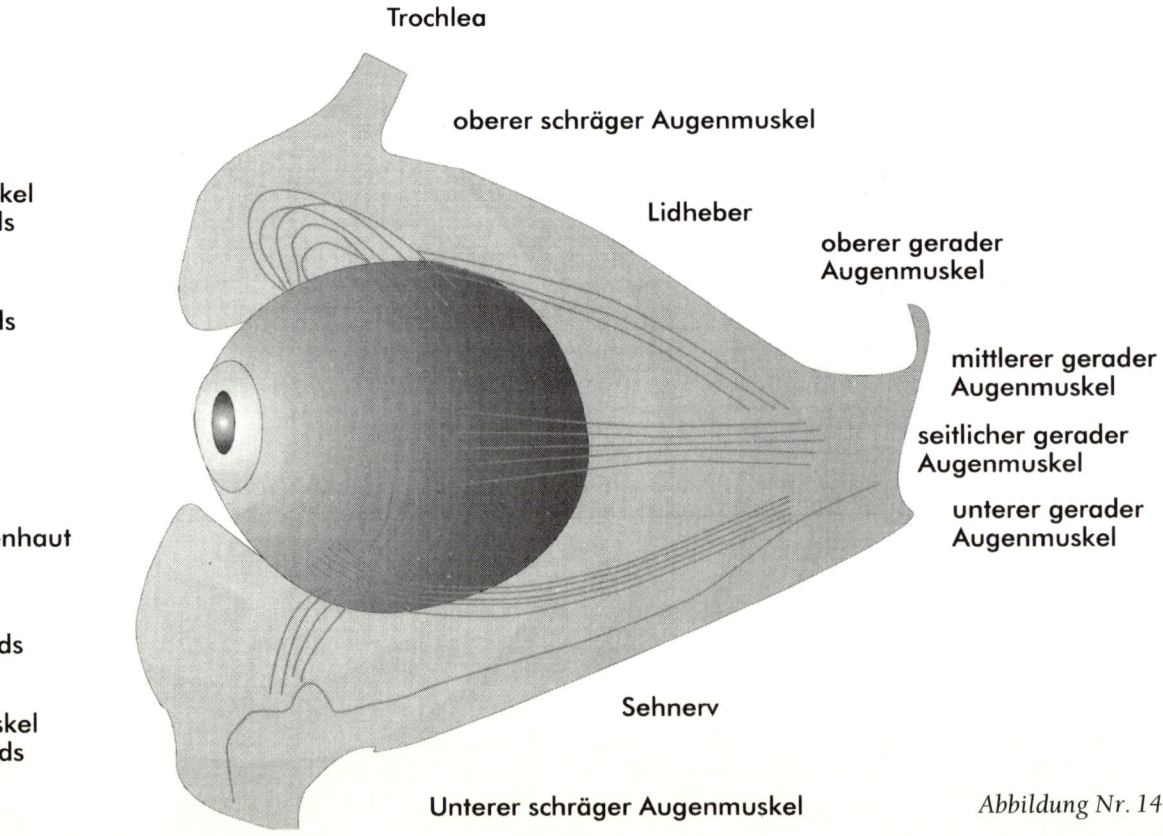

Trochlea

oberer schräger Augenmuskel

Lidheber

oberer gerader Augenmuskel

mittlerer gerader Augenmuskel

seitlicher gerader Augenmuskel

unterer gerader Augenmuskel

Stirnbein

Schließmuskel des Oberlids

Faserplatte des Oberlids

Hornhaut

Pupille

Regenbogenhaut

Faserplatte des Unterlids

Schließmuskel des Unterlids

Sehnerv

Unterer schräger Augenmuskel

Abbildung Nr. 14

flexible Augenmuskulatur, die durch falsche Sehgewohnheiten obendrein noch verkrampft ist. Es existieren neuere wissenschaftliche Untersuchungen über die Rolle des Spannungszustandes der äußeren Augenmuskulatur bei der Entstehung des grünen Stars, die eindeutig auf einen direkten Zusammenhang hinweisen! Diese verspannten Muskeln können mittels der in diesem Buch beschriebenen Übungen wieder gelockert und gestärkt werden.

Die Selbstheilungskräfte der Augen

Wenn nun schlechtes Sehen eine direkte Folge von schlechten Sehgewohnheiten ist, was genau sind die Faktoren und wie kann man diese oft schon sehr eingefahrenen Muster über Bord werfen? Zunächst einmal, indem man sich klarmacht, daß unseren Augen, sowie dem Rest unseres Körpers sehr breitgefächerte Selbstheilungskräfte zu Gebote stehen. Fangen wir damit an, den eingetretenen Pfad der falschen Sehgewohnheiten zu verlassen, erzeugen wir einen Gegenkreislauf – eine positive Feedbackschleife –, die unserer Gesundheit zugute kommt. In dem Moment, wo Sie das erste Mal, vielleicht seit Jahren, wieder entspannt schauen, kann Ihr Gehirn ein neues Verhaltensmuster aufbauen und sich langsam aber sicher von den falschen Sehgewohnheiten hin zum entspannten und gelösten Schauen entwickeln. Ein wesentlicher Faktor bei der Entstehung von Sehstörungen ist die Verkrampfung der gesamten Augenmuskulatur. Falsche Sehgewohnheiten sind fast immer mit Anstrengung und Verspannung gekoppelt. Deshalb muß unser erster Schritt darin bestehen, diese Spannung auf ein Mindestmaß zu reduzieren.

Die Medizin befindet sich in dir, aber du siehst sie nicht. Die Krankheit kommt aus dir selbst, aber du merkst es nicht.

Sufi-Meister Hadrat Ali

Experiment Nr. 10

Blinzeln Sie mit Ihren Augenlidern so schnell Sie können, und massieren Sie dann ihre Augäpfel, indem Sie das Lid vorsichtig gegen das Auge drücken. Schauen Sie dann mit den Augen so weit Sie können nach links, nach rechts, oben und unten, wie es Ihnen gerade gefällt. Achten Sie dabei auf eventuell auftretende Spannungen im oberen Gesichtsbereich und an der Stelle zwischen den Augen. Lassen Sie nach ca. einer Minute alle Spannung auf einmal los, und entspannen Sie Ihr ganzes Gesicht. Wie fühlt sich das an? Welche Stellen fallen Ihnen besonders auf? Nehmen Sie dann eine beliebige Tafel zur Hand und betrachten Sie diese. Fällt es Ihnen jetzt leichter? Wo genau setzt der magische Blick, von der Warte Ihrer Augenmuskulatur aus gesprochen, eigentlich an? Wie unterscheidet sich das konvergente vom divergenten Schauen?

Wenn Sie diese Übung immer wieder durchführen, werden Sie im Laufe der Zeit ein immer besseres Gefühl für Ihre Augenmuskeln entwickeln, und nichts ist den Selbstheilungskräften so zuträglich, wie *Bewußtheit* und *gesteigertes Gewahrsein* in den betreffenden Muskelpartien. Sie werden bemerken, wann Sie Ihre Augen zu sehr beanspruchen und wann diese eine Pause benötigen. Überanstrengen Sie Ihre Augen bei dieser Übung deshalb vor allem nicht; denn diese Übung will und soll keine gymnastische sein, sondern für gesteigerte Aufmerksamkeit in den von Verspannung betroffenen Gebieten sorgen.

Wenn es uns gelingt, Aktivität und Entspannung miteinander zu kombinieren und in Einklang zu bringen, verwirklichen wir eine Grundregel des gesunden Sehens. Wir dürfen unsere Augen ruhig auch fordern, sollten ihnen aber zwischendurch immer mal wieder eine kleine Pause gönnen, um verkrampftes Starren zu verhindern, das letztlich immer zu Fehlsichtigkeit führt. Vor allem Menschen, die viel an einem Computer arbeiten, sollten diese Grundsätze beachten und ihren Augen Zeit geben, sich auszuruhen und zu erholen von der andauernden Anstrengung, die ganze Zeit über auf einen Fleck zu schauen. Bei den meisten Menschen mit Sehstörungen kommt es infolge des schlechteren Sehens zu einer bewußten Anstrengung, besser und schärfer zu sehen, was allzuleicht in ein Starren mündet und die für die Sehschwäche verantwortlichen Sehgewohnheiten nur noch verstärkt. Genau da liegt auch ein Hauptmerkmal des normalen, entspannten Sehens: Menschen mit gesunden Augen bewegen diese beim Betrachten eines Objektes in zahlreichen, kaum wahrnehmbaren kleinen Bewegungen, wohingegen Menschen mit Sehschwierigkeiten oftmals ein bewegungsloses Starren praktizieren. Die vielfältigen Blickbewegungen verstärken die Durchblutung der Augenmuskulatur, reduzieren die inhärente Muskelspannung und wirken sich somit auf die Gesamtaktivität der Augenmuskeln sowie das gesamte Auge aus. An diesem Punkt setzt auch die Arbeit mit stereo-optischen Bildern an: Durch regelmäßiges Üben kommt es zu einer gesteigerten Flexibilität der gesamten Augenmuskulatur, die reduzierte Muskelspannung mit sich bringt. Diese wiederum zieht eine gesteigerte Blutzirkulation in den Augenmuskeln nach sich und durchbricht damit den Teufelskreis aus Muskelverspannung, schlechterem Sehen und darauffolgendem Starren, stärkerer Muskelverspannung und so fort.

Da nun aber, wie schon im vorigen Kapitel besprochen, für einwandfreies Sehen eine enge Zusammenarbeit des gesamten Nervernsystems vonnöten ist, wäre es zu einfach, alle Ursachen für Sehschwierigkeiten auf rein physiologischer Basis zu suchen, denn wo nehmen die Verspannungen der Augen eigentlich ihren Ursprung, und welche Faktoren zeichnen für die falschen Sehgewohnheiten verantwortlich?

Psychologische Aspekte des Sehens

In unserer Sprache finden sich eine ganze Menge solcher Redewendungen wie z.B. »blind vor Wut sein«, »rot sehen« oder jemandem wird »schwarz vor Augen«, um emotionale Zustände zu beschreiben und zu verdeutlichen. In diesen Formulierungen steckt eine Menge Weisheit, stoßen sie uns doch geradezu mit der Nase auf die Tatsache, daß unser Sehen, wollen wir es denn ganz begreifen, nicht getrennt von unseren Gefühlen betrachtet werden kann. Mir selbst ist es in meinem eigenen Leben schon ein paarmal passiert, daß ich in emotional sehr aufwühlenden Situationen, wo eine Menge Gefühle wie Haß und Wut im Spiel waren, für Sekundenbruchteile förmlich blind war. Nicht in einem sprichwörtlichen, sondern in einem sehr direkten Sinne. Die Stärke der in mir tobenden Emotionen hatte für kurze Augenblicke buchstäblich meine Sehfähigkeit ausgeschaltet. Ich konnte es damals selbst nicht richtig fassen, so stark und erschüt-

Jeder vom Gefühl getragene Gedanke hat eine Muskelveränderung zur Folge. Primäre Muskelstrukturen gehören zum biologischen Erbe des Menschen: Daher zeichnet der ganze Körper des Menschen sein emotionales Denken auf.

Mabel Ellsworth Todd[2]

ternd waren diese Erlebnisse. Im Lichte des mir nun heute zur Verfügung stehenden Wissens erscheint es mir aber nicht mehr weiter verwunderlich. Ich kann jedem fehlsichtigen Menschen nur raten, einmal in sich zu schauen und zu prüfen, inwieweit er Gefühle wie Wut, Haß und Ärger in sich unterdrückt oder sogar gegen sich selbst richtet. Wenn wir als Kinder berechtigte Wut zum Ausdruck bringen wollen, dieser Impuls aber ständig unterdrückt wird und wir daraufhin beginnen, diese Energie, weil wir es nicht besser wissen, nach innen, gegen uns selbst zu richten, verwenden wir eine unserer Hauptenergiequellen – die unbändige Kraft der Aggression, die ganze Welten gebiert – gegen uns selbst und fügen uns damit eine Menge Schaden zu. Ich bin mir durchaus darüber im klaren, wie schwierig es sein kann, mit diesen Energien verantwortungsvoll und angemessen umzugehen, doch sehe ich genau darin ein Hauptproblem vieler Menschen, seien sie jetzt kurzsichtig oder nicht.

Mini-Encounter für Fehlsichtige

Der unangemessene, unterdrückende Umgang mit Aggression richtet auf unserem Planeten soviel Schmerz und Leid an, die sich bei einem verantwortungsvollen Fließenlassen dieser Energie in pure Lebenskraft und Lust verwandeln könnten. Haben Sie Mut, Ihre Wut zu spüren, und wenn Sie sie nicht gleich am Anfang schon gut mitteilen können, dann spüren Sie sie wenigstens für sich selbst. Schlagen Sie auf ein Kissen ein, setzen Sie sich ins Auto und schreien Sie, bis das Lenkrad wackelt! Diese Energie muß raus, Herrgott noch mal, sie *will* heraus! Aggression ist nach unserer Sexualität die größte im Universum wirkende schöpferische Kraft, und wenn Sie sie ständig gegen sich selbst richten, wundern Sie sich doch nicht, wenn das Konsequenzen hat. Es hat nichts mit Schuld oder ähnlichem Quatsch zu tun, sondern ist ein ganz logisches und natürlich wirkendes Prinzip. Nehmen Sie eine kleine Sonne, die zum Bersten mit Energie angefüllt ist und ummanteln Sie diese mit einem gigantischen Stahlmantel, so daß die in der Sonne enthaltene Energie ständig nur nach innen gehen kann. Was wird wohl mit dieser Sonne im Laufe der Zeit passieren? Sie zerstört sich selbst durch ihre immerfort andauernden

Implosionen und verliert so viel von ihrer ursprünglichen Schönheit und Leuchtkraft. Schließlich endet sie durch selbstzerstörerische Traurigkeiten womöglich als kalter, ausgebrannter weißer Zwerg. Diese Sonne sind Sie!

Hören Sie auf Ihr Inneres und spüren Sie die Wut hinter Ihrer Fehlsichtigkeit, den unbändigen Haß infolge der zahllosen Demütigungen, denen Sie ausgesetzt waren, die Verletzung Ihrer intimsten Grenzen; den Groll, sich hilflos und ausgeliefert zu fühlen, rasend und blind vor Wut zu sein ob der andauernden Ungerechtigkeiten, die Sie erfahren haben und wahrscheinlich immer wieder aufs neue erleben – solange, bis es Ihnen reicht! und Sie anfangen, Ihre Rechte zu verteidigen und nicht mehr nur ein Spielball zu sein, der mit sich machen läßt, was anderen gerade so in den Sinn kommt. Wehren Sie sich! und übernehmen Sie die Verantwortung für Ihr Leben – oder tragen Sie auch weiterhin eine Brille und freuen Sie sich, wenn beim nächsten Besuch beim Optiker die Dioptrienzahl nur geringfügig gestiegen sein wird.

Ich hoffe, Sie sind jetzt ein wenig wütend auf mich, weil ich so arrogant daherrede und eigentlich keine Ahnung habe von all dem Leid, das hinter dieser Wut verborgen liegt. Gut so! Seien Sie nur wütend auf mich. Ich kann das gut vertragen. Was mich viel mehr interessiert: Was *machen* Sie jetzt mit dieser Wut? Fressen Sie sie in sich hinein? Dann kriegen Sie wenigstens bitte mit, wohin Sie sie schlucken. Sie machen das jetzt schon so lange, daß Sie gar nicht mehr genau wissen, *wie* Sie das machen und quasi auf Automatik geschaltet haben. Damit haben Sie aber auch jede Einflußmöglichkeit ausgeschaltet. Kein Problem – das können wir ändern.

Experiment Nr. 11

Setzen Sie sich vor ein Bild, das am ehesten dazu angetan ist, etwas rauhere Emotionen in Ihnen zu wecken. Betrachten Sie es eine Weile, und erinnern Sie sich dann an eine Situation aus Ihrer jüngsten Vergangenheit, die Sie so richtig verflucht wütend gemacht hat – wenn Sie wissen, was ich meine. Spüren Sie die dabei auftretenden Gefühle? Wo in Ihrem Körper sitzen sie? Wie genau fühlt sich das an? Was passiert, wenn Sie diese Gefühle nicht benennen, sondern einfach als ungeheuren Energievorrat ansehen? Was möchten Ihre Gefühle tun? Was möchten *Sie* jetzt tun? Wenn diese Gefühle Ihnen zu stark werden: Keine Angst, das Unterdrücken haben Sie ja perfektioniert, und das soll nicht das Problem sein. Kriegen Sie mit, *wie* Sie das tun. Halten Sie den Atem an? Verspannen Sie Ihre Schultern oder Ihren Brustbereich? Wie steht es mit Ihrem Gesicht? Beißen Sie die Zähne zusammen? Verkrampfen Sie den Kieferbereich? Wenn die Gefühle so stark werden, daß Sie sich bewegen möchten, tun Sie das. In unterdrückter Bewegung steckt eine Menge Potential an Wut und ENERGIE. Das ständige Zurückhalten dieses einstmals unbändigen Dranges, sich zu bewegen, verursacht Depression. Kennen Sie Depressionen? Diese Energie, die Sie gegen sich selbst richten? Ich spreche da aus ureigenster Erfahrung. Ich konnte manchmal vor lauter Depression nicht mal mehr den kleinen Finger rühren. Also los: Schütteln Sie sich, und wenn es Ihre Umgebung erlaubt, schreien Sie lauthals, verdreschen Sie ein Kopfkissen, bis Sie völlig erschöpft sind, und ich garantiere Ihnen: Sie werden sich danach wie ein neugeborenes Baby fühlen.

Das Wichtigste an dieser Übung ist, daß Sie sich gestatten, Widerstand gegen Ihre Aggression zu leisten, und mitbekommen, auf welche Art Sie das gelernt haben zu tun. An diesem Punkt bekommen Sie wieder eine bewußte Kontrolle über diese ansonsten völlig unbewußt und automatisch ablaufenden Prozesse. Wenn Sie anfangen zu begreifen, wie Sie verdrängen, müssen Sie es bald überhaupt nicht mehr tun. Sie haben dann ein Stück Ihrer Freiheit wiedergewonnen und können das nächstemal in einer Konfliktsituation selbst entscheiden, wie Sie mit diesen Energien umgehen wollen. Sie sind dann kein Gefangener im Gefängnis Ihrer eigenen Emotionen mehr. Im Laufe der Zeit werden Sie durch diese Übung ein immer größeres Maß an Freiheit im Umgang mit Ihren Gefühlen erlangen, was sich sowohl auf Ihre Augen als auch auf Ihr gesamtes körperliches Wohlbefinden sehr positiv auswirken wird.

Das ist ja unerhört!

Erinnern wir uns: Am Kniehöcker, dieser enorm wichtigen Verbindungsstelle zwischen der Netzhaut und dem zentralen Nervensystem, treffen zahlreiche Verbindungswege aus den verschiedensten Teilen des Gehirns aufeinander; unter anderem auch Bahnen aus dem limbischen System, das als Sitz unserer Gefühle angesehen wird. Dort beeinflussen diese Schaltstellen die von der Netzhaut an das Gehirn weitergeleiteten Informationen. Wenn jemand über einen langen Zeitraum hinweg sehr intensive Gefühle oder stark traumatisierende Erfahrungen verdrängt hat, so geht die in diesen Emotionen enthaltene Energie nicht verloren, sondern wirkt auf die vielfältigste Weise in uns weiter. Viele Erkrankungen des Körpers, wie z.B. Asthma oder Migräne, gelten heute gesichert als psychosomatisch, und obwohl ich mit dieser Bezeichnung nicht ganz einverstanden bin, ist sie doch ein gewisser Anfang, um ein umfassenderes Verständnis für die Zusammenhänge Körper/Seele/Geist zu bewirken. Unser Körper, unsere Seele und unser Geist sind eine untrennbar miteinander verbundene Einheit. Wird ein Teil dieses Systems krank, wirkt sich das auch immer auf die anderen aus. Deshalb ist jede Krankheit auf die eine oder andere Art psychosomatisch. Unsere Augen machen da keine Ausnahme. Inzwischen gibt es wissenschaftliche Untersuchungen, die gar keine anderen Schlußfolgerungen mehr zulassen.

In unserem Gehirn sind die verschiedenen Bereiche viel zu stark vernetzt, als daß ein Teil den anderen nicht auf die eine oder andere Art beeinflussen würde. So werden an diesem Kniehöcker die von der Netzhaut eingehenden Signale stark modifiziert und verzerrt, was unter Umständen bis zur völligen Blindheit führen kann. Elisabeth Haich beschreibt das in ihrem Buch *Die Einweihung* sehr schön: Die Hauptfigur, eine Frau mittleren Alters, lebt ein eher durchschnittliches Leben mit einigen außergewöhnlichen Erlebnissen paranormaler Art, die sich seit ihrer Kindheit immer wieder mal einstellen. Da sie damit nichts zu tun haben will, verdrängt sie sie mehr oder weniger, und das geht auch eine gewisse Zeit gut, bis sie an sehr schweren Sehstörungen erkrankt, die im Laufe der Zeit immer schlimmer werden. Völlige Erblindung droht. Von dieser schrecklichen Aussicht

Der Mensch ist Wahrnehmung,
der Rest ist nur Fleisch. Aber
die wirkliche Wahrnehmung ist
jene, die den FREUND *sieht.*
Laß deinen Körper gänzlich eins
werden mit deiner Wahrnehmung —
geh dem SEHEN *entgegen,*
geh dem SEHEN *entgegen,*
geh dem SEHEN *entgegen.*

Rumi[3]

auf sich selbst zurückgeworfen, wird der Frau langsam klar, daß ihre Erkrankung in direktem Zusammenhang mit dem von ihr gelebtem Leben steht. Sie beginnt sich für ihre Begabungen zu öffnen und findet damit auch den Weg zu ihrem gesunden Sehen wieder.

Diese Geschichte mag ein extremes Beispiel sein und längst nicht auf alle von uns zutreffen. Dennoch teilen wir alle das menschliche Erbe, das unsere Sinneswahrnehmungen zutiefst mit dem Rest unseres gesamten Wesens verbunden hat. Letztlich gehört zu jeder wirklich umfassenden und vollständigen Behandlung von Augenerkrankungen jedwelcher Art die Berücksichtigung aller geistigen und seelischen Aspekte des Patienten. Wir sehen das, was wir sehen wollen, und was wir nicht zu sehen bereit sind, klammern wir aus dem Bereich unserer Erfahrung aus. So einfach geht das. Dieser Vorgang kann sich auch im Rahmen kulturell bedingter Bereiche abspielen; Eskimos beispielsweise sind dazu in der Lage, mehr als 60 verschiedene Arten von Schnee zu erkennen und zu benennen, wohingegen wir nur drei oder vier verschiedene Bezeichnungen für Schnee haben, weil er eben keine so wichtige Rolle für uns spielt, wie das beim Überlebenskampf in der Eiswüste der Fall ist. Doch kann die ständige Ausklammerung unerwünschter psychischer Inhalte auch zu schweren Sehstörungen bis hin zu teilweiser oder völliger Blindheit führen. Ist jemand gewillt, sich mit den wirklichen Ursachen seiner Fehlsichtigkeit auseinanderzusetzen, gehört wie bei allen Arten von Krankheiten auch ein Miteinbeziehen der Emotionen, der Psyche und der gesamten geistig-seelischen Haltung dazu. Experten sind inzwischen der Meinung, daß ca. 40 Prozent der Augenerkrankungen psychosomatisch sind und ihre Ursachen in unbewältigten Konflikten haben: Partner-, Sexual- oder Familienkonflikte, verdrängte traumatische Erfahrungen aus der Kindheit, wie sexueller Mißbrauch, unausgedrückte Gefühle, um nur einige zu nennen.

Wie bei allen anderen Belangen des menschlichen Körpers, so ist auch bei Augenerkrankungen der ganze Mensch zu behandeln und nicht bloß ein isoliertes Symptom. Wann werden wir endlich begreifen, daß wir keine Maschinen sind, deren Teile man bei Verschleiß nach Gutdünken austauschen oder mechanisch korrigieren kann? Ein körperliches Symptom ist immer die letzte Stufe einer Botschaft, die uns unsere Seele schon so oft übermitteln wollte, für die wir uns aber im wahrsten Sinne des Wortes blind gestellt haben. Belassen wir es nun bei der bloßen Korrektur des Symptoms, fordern wir den Körper geradezu heraus, die Erkrankung entweder zu verschlimmern oder den seelischen Konflikt auf einer anderen Ebene auszutragen.

Bei vielen Menschen mit Augenstörungen kann man das sehr gut beobachten: Der Körper sendet ein zunächst recht schwaches Signal in Form von geringfügiger Sehschwäche; wird dieses Symptom nun ausschließich mittels einer Sehhilfe behandelt, weitet es sich aus, und es kommt zu immer stärkerer Fehlsicht. Die Stereogramme in diesem Buch lassen sich für den physiologischen wie für den psychologischen Aspekt des Sehens gleichermaßen verwenden. Für den physiologischen Bereich, um mit gezielten Übungen alte und eingefahrene Sehgewohnheiten zu verbesseren und damit im körperlichen Bereich des Sehens anzusetzen, und für den psychologischen Bereich, da wir mit Hilfe dieser Bilder und der dabei verwendeten Blicktechniken in Bewußtseinszustände gelangen können, in denen der Verstand zur Ruhe kommt und wir stillwerden für Unerhörtes, Ungesehenes, das aus tieferen Schichten der Psyche zu uns aufsteigen will.

Kapitel 5

Mit den Stereogrammen die Selbstheilungskräfte aktivieren

An den Beginn dieses Kapitels möchte ich einige Überlegungen zum Thema alternative Medizin und Arbeit mit bestimmten Energietechniken wie Visualisation und Hypnose stellen.

Die Geister, die ich rief ...

Der Geist ist ein großer Heiler.

Hippokrates

Die Vorstellung, daß Menschen kraft ihrer bloßen Gedanken unglaubliche Leistungen vollbringen können, reicht sehr weit in die Geschichte der Menschheit zurück. Unsere Vorfahren lebten noch in einer Welt voller geheimnisvoller Mächte und Kräfte, die für sie zum Teil völlig unverständlich waren. Was bewirkten solche Naturgewalten wie Blitz und Donner, Hagel und Sturm, der Wind oder eine Sintflut; was brachte den Körper zum Erkranken oder Altern? Die Menschen der damaligen Zeit hatten dazu die Vorstellung einer Geisterwelt, die die Welt umgab und gleichsam durchdrang und von der sie ihre Lebensenergie bezogen. Krankheit entstand, wenn Kräfte aus dieser Geisterwelt auf den Menschen einwirkten, und Naturkatastrophen waren ein Ausdruck der Unzufriedenheit der Geisterwelt mit den Handlungen der Menschen. Mit diesen Energien trat der Schamane in Kontakt, sei es mittels Träumen, der Meditation oder psychoaktiven Drogen, die ihn in einen veränderten Bewußtseinszustand versetzten. Hatte er dann die Verbindung zu dieser übergeordneten Wirklichkeitssphäre hergestellt, konnte er die Ursachen der Krankheit diagnostizieren und entsprechende Maßnahmen ergreifen. Dazu gehörten Beschwörungen ebenso wie Opfer oder bestimmte Tänze, um die erbosten Geister zu besänftigen. Zum anderen gebrauchte der Heiler seine eigene Lebensenergie, die er im Kontakt mit der Geisterwelt stärken konnte, um durch eine Übertragung dieser Lebenskraft den geschwächten Patienten bei seiner Genesung zu unterstützen. Der Schamane war der Wanderer zwischen den Welten und auch deren Vermittler. Bei vielen, heute noch praktizierten schamanischen Techniken hat sich an diesen grundlegenden Annahmen nicht sehr viel geändert.

Die moderne Wissenschaft, in ihrem unwiderstehlichen Drang, die Dinge in immer kleinere Teile zu zerlegen, konnte und kann sich mit der Vorstellung einer Geisterwelt, in der geheimnisvolle und übernatürliche Kräfte schalten und walten sollen, natürlich gar nicht anfreunden. Sie sezierte den Körper, erfand das Mikroskop, entdeckte chemische Teilchen, den elektrischen Strom und ist heute in ihrem Streben an einem Punkt angelangt, der einen Kreis zu schließen beginnt, dessen Geburt Tausende von Jahren zurückliegt.

Die Entdeckung des Nichts

Auf dem Gebiet der Naturwissenschaften, insbesondere der theoretischen Physik, hat zu Beginn dieses Jahrhunderts eine Revolution stattgefunden, wie sie die Menschheit bisher nicht gesehen hatte. Das reduktionistisch-mechanistische Paradigma, wie es seit Isaac Newton in der Naturwissenschaft als allein seligmachend galt, fing an zu zerbröckeln wie ein morsch gewordener Stein; dahinter tauchten Antworten und Fragen von solch ungeheurer Tragweite auf, daß die Vorstellung der Schamanen von einer unserer Wirklichkeit zugrunde liegenden Geisterwelt nicht die unwahrscheinlichste von allen dabei aufkommenden Theorien war.

Lassen Sie uns die für unser Thema relevanten Punkte dieser gigantischen Umwälzung etwas genauer betrachten.

Als man zu Beginn dieses Jahrhunderts immer tiefer in die Grundbausteine der Materie vorgedrungen war, fand man – Nichts! Spaß beiseite, aber so falsch ist diese Behauptung, versteht man sie denn wörtlich, gar nicht. Bis zu jenen Tagen hatte man die feste Überzeugung eines Atomkerns, der von ein paar Elektronen und Protonen umkreist wird, die von elektrischen Kräften (was um Himmels willen

Nichts ist wirklicher als nichts.

Samuel Beckett

sind denn bitteschön »elektrische Kräfte«?) in ihren Bahnen gehalten
werden. Und alles, was uns umgibt und durchdringt, war eine mehr
oder weniger komplexe Aneinanderreihung dieser Grundbausteine.
Doch der drängenden Frage nach dem, »was die Welt im Innersten
zusammenhält«, war man so nur noch weiter aus dem Weg gegangen. Die ganzen Teilchen wurden von geheimnisvollen Kräften (man
beachte hier den Zusammenhang zu den Schamanen) zusammenge-
leimt, die ihrer Natur nach elekromagnetisch sind; d.h., das Fundament allen Lebens und aller Materie wird von der Elektrizität und
dem Magnetismus getragen. Nachdem die Wissenschaftler immer
tiefer in diese Bereiche vorgedrungen waren, formulierten einige von
ihnen derart abstruse Theorien, daß man diese Leute, wären sie nicht
durch den Mantel der Wissenschaft geschützt gewesen, unverzüglich
in die Psychiatrie gebracht hätte.
Und doch ist nicht annähernd alles von den damals aufgetauchten
Implikationen in das Bewußtsein der breiteren Öffentlichkeit gedrun-
gen. Die Schulmedizin geht bei der Behandlung von Krankheit weiter den biochemischen Weg und verabreicht Mittel, die das Problem
nur an der Oberfläche angehen, in ihren Auswirkungen auf den gesamten Organismus zudem unüberschaubar sind und deshalb oft
ganz verheerende Nebenwirkungen entfalten. In der klassischen
Schulmedizin setzt sich die Einsicht erst langsam durch, daß es bei
der Behandlung von Krankheit nicht darum geht, mittels chemischer
Kampfbomber *gegen* die Natur zu arbeiten, sondern mit ihr zusammen.

Der Funke des Lebens

Genau da setzen die in diesem Buch beschriebenen Methoden an,
die ausschließlich mit körpereigenen Energien und Selbstheilungskräften arbeiten. Diese Techniken werden zur Zeit von einigen ernsthaften Forschern genauer untersucht, die dabei schon zu äußerst in-
teressanten Beobachtungen kamen. Bei diesen Kräften handelt es
sich um elektromagnetische Felder, die zusammen den Webstuhl bilden, auf dem das Netzwerk des Lebens geflochten wird.
Alle chemischen Prozesse im menschlichen Körper werden von ei-

nem Steuerungssystem in Gang gesetzt, welches die Wissenschaft bisher völlig ignoriert hat! Bei den einfachsten Selbstheilungsprozessen im menschlichen Körper (das Wort »einfach« erscheint in diesem Zusammenhang etwas fehl am Platze, dennoch …), wie etwa dem Verheilen einer Wunde, braucht es ein Regulationssystem, das all die komplexen chemischen Prozesse aufeinander abstimmt und koordiniert. Bei Wachstums- und Heilprozessen fließen winzige elektrische Ströme, die aller Wahrscheinlichkeit nach eben diese Steuerungsimpulse sind. Die Heilung von Knochenbrüchen beispielsweise, eine der wenigen übriggebliebenen echten Regenerationsprozesse im menschlichen Körper, wo ja tatsächlich neues Knochenmaterial produziert wird, konnte bisher von der mechanistisch denkenden Schulmedizin nicht befriedigend erklärt werden. Ja, daß es so etwas wie eine echte Regeneration überhaupt gibt, steht im krassen Widerspruch zu einigen der fundamentalsten Dogmen der althergebrachten Betrachtungsweise.

Inzwischen hat sich ganz klar herausgestellt, daß das Steuerungssystem, welches die verschiedensten chemischen Prozesse im Körper in Gang bringt und verzahnt, elektromagnetischer Natur ist. Umgekehrt werden die Aktivitäten lebender Zellen von äußerst schwachen elektrischen Strömen nachhaltig beeinflußt. Alle bisherigen Befunde bestätigen die bedeutende Rolle, die der Elektromagnetismus bei den Prozessen des Lebens spielt. Die Vorstellung, daß unseren Körperfunktionen ein elektronisch-biologisches Steuerungssystem zugrunde liegt, fängt gerade erst an, sich in den herkömmlichen Naturwissenschaften zu etablieren. Und wir wissen ja, wie träge der menschliche Geist mitunter sein kann: Es wird wohl noch ein paar Jährchen dauern, bis auch Ihr Hausarzt von alldem Wind bekommt. Solange können und wollen wir allerdings nicht warten: Deshalb finden Sie in diesem Buch einige Übungen, mit denen Sie sofort etwas für Ihre Gesundheit tun können.

Niemand geringerer als Robert O. Becker, ein mehrfacher Anwärter auf den Nobelpreis, hat auf diesem Gebiet wirklich bahnbrechende Entdeckungen gemacht, und ich möchte jedem von Ihnen sein Werk, insbesondere *Der Funke des Lebens* ans Herz legen, wenn Sie sich weitergehend für diese überaus spannenden Seiten der Naturwissenschaften interessieren.

Das Gehirn im Gehirn

Jeder Schöpfungsakt ... setzt eine neue Unschuld der Wahrnehmung voraus, befreit vom grauen Star der überlieferten Meinungen.

Arthur Koestler[1]

Wenn nun aber die chemischen Vorgänge, die bei einer Heilung stattfinden, von elektromagnetischen Prozessen gesteuert werden, wo haben diese dann ihren Ausgangspunkt? Durch welche Kräfte werden sie gesteuert? Alles deutet daraufhin, daß die Regulation der Heilungsprozesse nicht nur ein lokales Phänomen, sondern vielmehr Teil eines weit umfassenderen Gleichstromsystems ist. Das wiederum würde bedeuten, daß es ein zweites Nervensystem geben muß, welches die chemischen Prozesse in Gang setzt und dem uns bekannten digitalen Nervensystem zeitlich vorausgeht. Existiert ein solches zusätzliches System tatsächlich, würde das, gelinde gesagt, unsere Vorstellung über die Arbeitsweise des Gehirns komplett über den Haufen werfen. Robert O. Becker spricht deshalb in diesem Zusammenhang auch von einer Art zweitem Gehirn. Ich zitiere wörtlich: »Es klingt vielleicht revolutionär – und vielleicht sogar recht esoterisch –, wenn man behauptet, es gäbe einen zweiten, verborgenen Teil des Gehirns.«[2]

Bei einer Versuchsperson, die auf ein Zeichen hin einen bestimmten Muskel bewegt, ist ein Anstieg des Gleichstroms festzustellen, aber eine glatte halbe Sekunde, bevor der Muskel bewegt wird! Die Frage, die sofort auftaucht: Ist die Entscheidung, den Muskel zu bewegen, oder die Verschiebung des Gleichstrompotentials zuerst erfolgt? Neuere Untersuchungen haben ergeben, daß dieses sogenannte Bereitschaftspotential der eigentlichen Entscheidung vorausgeht!

Wieder ein Zitat, diesmal von Dr. Benjamin Libet, der auf diesem Gebiet lange geforscht hat: »Das Gehirn scheint einen eigenen Verstand zu haben.«[3] (!!!) Die Ausrufezeichen sind von mir.

Robert O. Becker nennt das uns bisher bekannte Nervensystem auch das *digitale* und das eher im Verborgenen arbeitende das *analoge* Nervensystem. Erst durch die Zusammenarbeit der beiden kommt es zur Ausbildung der dem Leben und all seinen Prozessen eigenen Arbeitsweise. Und jetzt halten Sie sich fest: Wir stellen uns unser Gehirn hauptsächlich als Ansammlung von Milliarden Neuronen vor, über die die gesamten Nervenprozesse ablaufen. Nichts aber könnte von der Wahrheit weiter entfernt sein. Neben unseren Gehirnzellen existiert noch eine andere Art von Zellen, die perineurale Zellen genannt werden; von ihnen vermutet man, daß sie diese elektrische Gleichstromaktivität induzieren. Und diese perineuralen Zellen sind ebenso zahlreich, wenn nicht zahlreicher als unsere herkömmlichen Nervenzellen im Gehirn vertreten!

Wen wundert es da noch, wenn sogar ein Naturwissenschaftler wie Herr Becker die reichlich phantastische Behauptung eines »Gehirns im Gehirn« aufstellt? (Und Sie können sicher sein, daß er mit dieser Feststellung nicht viele neue Freunde im naturwissenschaftlichen Lager hinzugewonnen hat ...)

Erst vor kurzem wurde festgestellt, daß das System der perineuralen Zellen in der Lage ist, elektrisches Potential zu erzeugen und auch weiterzuleiten. Und so steht uns, da sich die perineuralen Zellen durch den gesamten Körper ziehen, in der Tat ein von unserem digitalen Nervensystem völlig unabhängig arbeitendes Kommunikationsnetz zur Verfügung.

Noch einmal zusammengefaßt: In unserem Körper und unserem Gehirn wohnt ein analoges Datenübertragungs- und Steuerungssystem, welches in den perineuralen Zellen zu lokalisieren ist und mit Hilfe des Gleichstroms Informationen überträgt. Robert O. Becker meint, daß es sich bei diesem System um das morphogenetische Feld selbst handeln könnte, das ja durch den Biologen Rupert Sheldrake derzeit Furore in den Naturwissenschaften verursacht.

»Was hat dies nun alles mit den Cyberoptics zu tun?« höre ich Sie fragen. Lassen Sie mich fortfahren und sagen: Sehr viel.

An der Schnittstelle des Bewußtseins

Es stellt sich uns die Frage, wie man sich dieses einflußreiche Kommunikationszentrum zunutze machen kann; wie genau läßt es sich aktivieren? Ich möchte Ihnen hierzu von einem Experiment berichten, daß mich, als ich zum erstenmal davon las, so in seinen Bann zog, daß ich alles um mich herum für einige Zeit völlig vergaß.

Die Physikerin Dr. Elizabeth Rauscher und der Ingenieur William van Bise erzeugten mittels zweier Drahtspulen Magnetfelder mit leicht unterschiedlicher Pulsationsfrequenz und richteten diese so aus, daß sie sich direkt in der Mitte des Kopfes einer Versuchsperson überschnitten. Die dabei entstehende Überlagerungsfrequenz lag in extrem niedrigen Bereichen (die sogenannten *extreme low frequencies* = ELF) des elekromagnetischen Frequenzspektrums. Was dann geschah, müßte einen Sturm der Begeisterung bei all denjenigen hervorrufen, die mit geistigen Energien gearbeitet haben und immer noch arbeiten – und wissen, daß diese funktionieren, aber nie so recht erklären konnten, wie und warum.

Die Versuchspersonen sahen mit geschlossenen Augen Kreise, Ellipsen, Dreiecke und Würfel ganz deutlich vor ihrem inneren Auge, mitten in ihrem Kopf! Elektromagnetische Felder sind demzufolge in der Lage, das ganze uns bisher bekannte digital-visuelle System zu umgehen und direkt an der Schnittstelle zwischen unserem Gehirn und unserer bewußten Wahrnehmung visuelle Bilder von eindrucksvoller Authentizität zu erzeugen.

Der logische Umkehrschluß aus dieser Versuchsreihe liefert den lange überfälligen Beweis für die Wirksamkeit der Energiearbeit – sei es jetzt mittels imaginierter Bilder, Geistheilung oder magischer Techniken. In dem Moment, in dem Sie kraft Ihrer Imagination visuelle Bilder erschaffen, erzeugen Sie ELF-Frequenzen in Ihrem Gehirn, die tiefgreifenden Einfluß auf Ihr gesamtes Nervensystem und darüber hinaus zu nehmen vermögen. Dies ist endlich das Modell, mit dem lange unerklärbare Phänomene wie Geistheilung, Visualisationstechniken bei geistiger Heilung und vieles mehr auf eine empirisch gesicherte, wissenschaftliche Grundlage gestellt werden. Heiler und Magier aller Länder vereinigt euch, und laßt euch von den oft nur allzu intoleranten Newton-Jüngern nichts mehr gefallen! Sprecht ihre Sprache, und sie werden sich den Implikationen eurer Arbeit nicht mehr verschließen können, und das ist genau das, was unser Gesundheitssystem im Moment so bitter nötig hat.

Wir können davon ausgehen, daß die Arbeit mit Visualisationstechniken und heilende Tätigkeiten im allgemeinen in der Fähigkeit besteht, die körpereigenen elektrischen Steuerungssysteme zur Erzeugung magnetischer Felder zu nutzen und mit diesen dann in eine Wechselbeziehung zu treten. Im Falle einer Fremdheilung nimmt der Heiler oder die Heilerin Kontakt zum Gleichstromsystem des Patienten auf. Alle von uns besprochenen Formen der Aktivierung unseres geistigen Potentials, sei es nun die Hypnose oder die Visualisation von Chakrenenergien, haben ihre Grundlage in der physikalischen Wirklichkeit, und bei allen Vorgängen ist ohne Frage eine bestimmte Form elektromagnetischer Energie im Spiel.

Experiment Nr. 12

Tauchen Sie ein in die dritte Dimension. Lassen Sie sich ein wenig Zeit, um das von Ihnen betrachtete Objekt zu verinnerlichen. Schauen Sie solange auf die Tafel, bis Sie das Gefühl haben, dieses Bild auch vor Ihrem inneren Auge sehen zu können. Wenn es soweit ist, schließen Sie Ihre Augen, und vergegenwärtigen Sie sich, daß *Sie gerade im Moment ein meßbares elektromagnetisches Feld erzeugen, das nachweislich Auswirkungen auf Ihren Körper und Ihren Geist hat.*
Versuchen Sie im Laufe der Zeit, wenn Sie diese Übung noch öfter praktizieren, ein immer deutlicheres Gefühl für diese Tatsache zu entwickeln.

Das Magnetfeld von Mutter Erde

Wir Menschen sind ständig eingebettet in ein riesiges elektromagnetisches Feld, gleichsam durchtränkt von ihm: dem Magnetfeld der Erde. Alle auf unserem Planeten ablaufenden Prozesse sind zutiefst durchdrungen von dieser allgegenwärtigen Energieform. Brieftauben z.B. machen sich dieses Feld zunutze, indem sie aus ihm die für ihre Navigation benötigten Daten ableiten, um quasi im Blindflug über Hunderte von Kilometern hinweg ihren Ausgangspunkt wiederzufinden. Man hat inzwischen auf der Gehirnoberfläche der Tauben submikroskopische Magnetkristalle entdeckt, die nur noch mit dem Elektronenmikroskop zu sehen sind. Diese Kristalle liefern in einem immer noch nicht ganz geklärten Wechselspiel mit dem Magnetfeld

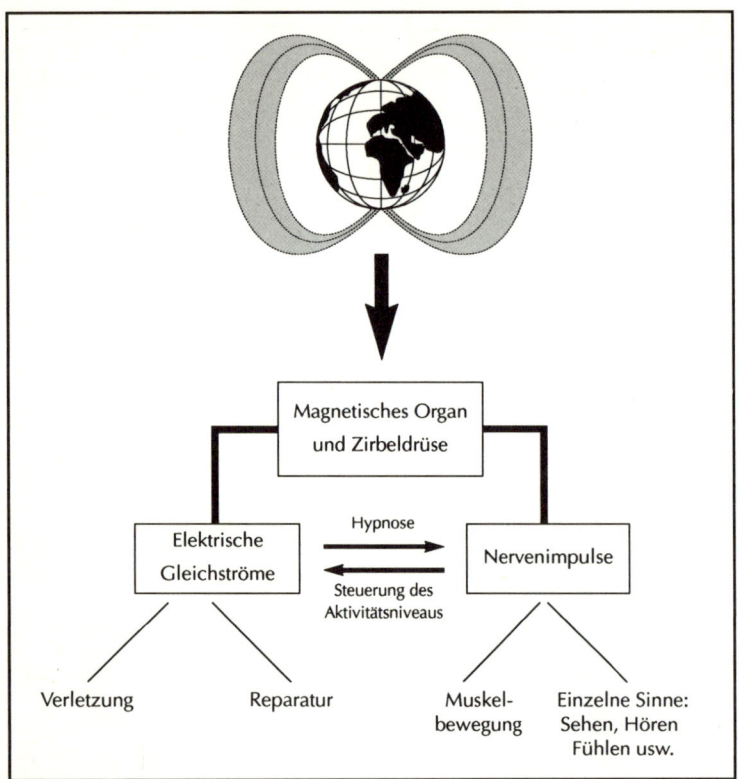

Abbildung Nr. 15

der Erde der Taube genaueste Informationen über ihren jeweiligen Standort. Dieses mit Magnetit arbeitende Prinzip findet sich auch beim Menschen wieder und steht in enger Verbindung zu unserem Gehirn. Es handelt sich hier um ein zusätzliches Sinnesorgan, das unseren Organismus über die Richtung des Magnetfeldes der Erde informieren kann. Wie gesagt, diese Erkenntnisse stellen eine wissenschaftliche Revolution dar und sind deshalb nicht für alle so einfach zu verdauen.

Nun gibt es ein weiteres Organ, das sich in besonders hohem Maße darauf spezialisiert hat, dieses alles durchdringende Magnetfeld aufzuspüren und uns signifikante Informationen über dessen Aktivitäten mitzuteilen. Dieses Organ – und Sie werden sich inzwischen vielleicht schon gar nicht mehr wundern – ist unsere alte Freundin: die Zirbeldrüse! Staunen auch Sie, wie doch, auf geradezu phantastische Weise, alles Sinn macht, eins ins andere paßt, wie in ein Mosaik aus zahllosen, unendlich farbenprächtig leuchtenden Steinchen?

Experiment Nr. 13

Auch wir Menschen sind also in der Lage, das Magnetfeld der Erde zu spüren und Informationen aus ihm zu beziehen. Den meisten von uns dürfte diese Fähigkeit weitestgehend abhanden gekommen sein. Nichtsdestotrotz besitzen wir die physiologischen Anlagen dafür.

Tauchen Sie möglichst tief ein in die dritte Dimension (am besten mit einem Bild höheren Schwierigkeitsgrades). Versuchen Sie während dieser Meditation nur die Möglichkeit in Betracht zu ziehen, mit diesem gigantischen Informationsfeld in Kontakt zu kommen. Das mag Ihnen am Anfang etwas schwerfallen, aber das Laufen haben Sie schließlich auch nicht an einem Tag erlernt. Möglich ist es. Menschen mit ausgezeichnetem Orientierungssinn greifen mit hoher Wahrscheinlichkeit mehr oder weniger unbewußt auf diesen Mechanismus zurück.

Durch Raum und Zeit

Da taucht sie also unversehens wieder auf, unsere Erdnuß, die aussieht wie ein Tannenzapfen und chemische Stoffe synthetisiert, daß es die Pharmaindustrie in den Konkurs treiben könnte. Mal sehen, was sie nun diesmal auf der Pfanne hat.

Bei primitiven Wirbeltieren war das dritte Auge eine Art Meßgerät, um die eintreffende Lichtintensität zu registrieren. Heute übernimmt diese Funktion die Netzhaut, die der Zirbeldrüse Informationen bezüglich des einfallenden Lichtes zukommen läßt. Wie wichtig die Zirbeldrüse für den chemischen Haushalt unseres Körpers ist, haben wir schon im Kapitel über die Physiologie des Sehens erfahren. Sollte diese kleine Drüse etwa noch weitreichendere Funktionen haben?

Unser Schlaf-Wachrhythmus wird von der jeweiligen Melatoninproduktion der Zirbeldrüse bestimmt. Inzwischen weiß man aber auch, daß die Zirbeldrüse auf das sich ständig verändernde Magnetfeld der Erde reagiert. Es ist möglich, über die Beeinflussung eines elektromagnetischen Feldes in der Stärke des Magnetfeldes der Erde die Melatoninausschüttung eines Menschen zu regulieren. Externe elektromagnetische Felder rufen beim Menschen eine ganze Reihe von Wirkungen hervor, die sich auf den gesamten Körper und das Gehirn niederschlagen. Wir haben aus diesem Grund auch mindestens zwei hochspezialisierte und sehr komplex arbeitende Organe entwickelt, um solche Felder aufzuspüren und auf sie reagieren zu können.

Vieles spricht inzwischen dafür, daß es diese Zirbeldrüse respektive ihr magnetischer Sinn war, den die Heiler und Schamanen aller Zeiten und Kulturen entwickelt hatten oder mittels bestimmter bewußtseinsverändernder Techniken stimulierten. Viele bisher von der Öffentlichkeit immer noch belächelte Phänomene wie Geistheilung, Hellsehen und Präkognition erscheinen durch die Existenz der elektromagnetischen Felder in völlig neuem Licht.

Elektromagnetische Felder lassen sich durch Körpergrenzen, Wände oder Gegenstände nicht aufhalten. Im Gegenteil, sie durchdringen sie wie die sprichwörtliche Butter. Welche physikalischen Gesetze für diese Felder in Raum und Zeit gelten, läßt sich heute noch nicht mit aller Sicherheit sagen. Doch könnte es sehr gut möglich sein, daß auch solche Phänomene wie Fernheilung oder Fernwahrnehmung ihre Ursachen im Verhalten dieser elektromagnetischen Felder haben. Unsere Felder sind auf das innigste mit dem Magnetfeld der Erde verbunden und stehen mit diesem in einer intensiven Wechselbeziehung. So könnte das elektromagnetische Feld der Erde eine Art »Vermittlungszentrale« für körpereigene Felder sein.

Doch diese Theorien liegen, zumindest streng wissenschaftlich betrachtet, noch im Bereich der Spekulation. Alles andere bisher Gesagte steht auf soliden, experimentell verifizierten Grundlagen und kann von keinem ernstzunehmenden Wissenschaftler mehr in Frage gestellt werden. Daß diese Erkenntnisse geradezu revolutionäre Implikationen nach sich ziehen, was unser Weltbild anbelangt, und daß dies emotional oft nur sehr schwer zu verarbeiten ist, steht außer Frage. Es wird unsere ganze Aufmerksamkeit und unseren ganzen Mut erfordern, hier nicht einzuhalten, sondern auf dem von uns einmal eingeschlagenen Weg voranzuschreiten: Er ist immer spannend, immer abwechslungsreich, immer ungewiß, wie das Leben eben.

Die Wissenschaft hat vielleicht in allzu kindlicher Naivität angefangen, Fragen zu stellen und Antworten darauf zu suchen – und erhält jetzt reichlich Lohn für ihre Bemühungen. Die Antworten und vor allem die dabei entstehenden neuen Fragen dürften nicht immer die bequemsten sein, führen sie uns doch bisweilen auf noch gänzlich unerforschtes Territorium, wo die Kraft des Verstandes allein nicht mehr genügt, um die ungeheuerliche Komplexität des Lebens zu erfassen. So bringt wirkliche Wissenschaft auch immer ein Stück noch größeren Unwissens mit sich, weswegen sich Sokrates, einer der Größten seiner Zeit und dieser weit voraus, wohl zu dem Ausspruch veranlaßt gesehen haben dürfte: »Ich weiß, daß ich nichts weiß.« Doch denen, die wirklich wissen wollen, und die sich dabei »schier das Herz verbrennen«, wird aufgetan werden, und sie können sehen und staunen und schweigen.

Wir fühlen, daß, selbst wenn alle möglichen wissenschaftlichen Fragen beantwortet sind, unsere Lebensprobleme noch gar nicht berührt sind. Freilich bleibt dann eben keine Frage mehr, und eben dies ist die Antwort.

Ludwig Wittgenstein[4]

Warum Hypnose funktioniert

Untersuchungen der Hypnose, die im Grunde genommen einen stark veränderten Bewußtseinszustand darstellt, haben gezeigt, daß es bei

tiefen Trancezuständen zu einem signifikanten Abfall des Gleichstrompotentials kommt, wie es auf ähnlich dramatische Weise im
Tiefschlaf geschieht. Während der Hypnose selbst treten Phänomene
wie Schmerzunempfindlichkeit bis hin zu Zuständen völliger
Anästhesie auf. Von einigen Ärzten wird die Hypnose deshalb auch
schon als Alternative bzw. Ergänzung zu herkömmlichen Betäu-
bungsmethoden verwendet. Es lassen sich also über verbale Befehle,
die vom digitalen Nervensystem gesendet werden, Reaktionen im
analogen Gleichstromsystem hervorrufen, die beim Patienten zu tiefgreifenden Veränderungen seines physischen und psychischen Zu-
standes führen können. Das eben Gesagte trifft selbstverständlich
ebenso auf die Selbsthypnose zu. Und da das analoge Gleichstromsystem sehr wesentlichen Anteil an Prozessen der Heilung und des
Wachstums hat, bedeutet das, daß wir unter bestimmten Umständen
durchaus dazu in der Lage sind, durch bewußt gedachte Gedanken
dieses analoge System zu steuern und somit körpereigene Selbsthei-
lungsprozesse auszulösen.
Es besteht eine direkte Verbindung zwischen den beiden Teilen unseres Nervensystems, und Techniken wie Meditation, Visualisation,
Biofeedback stellen die Verbindungsbrücke zwischen dem analogen
und dem digitalen Prinzip dar. Die beste Nachricht jetzt am Schluß
dieses Abschnittes: Jeder, *absolut jeder Mensch* besitzt diese Fähigkeiten und kann sie auf die ihm gemäße Art aktivieren! Diese Gabe
ist nicht einigen wenigen Auserwählten vorbehalten, sondern gehört zu unserem natürlichen Erbe. Die Methode, die Sie verwenden,
um sich diese Kräfte nutzbar zu machen, spielt im Grunde genommen keine Rolle. Auch wenn ich da Stimmen der Entrüstung laut-
werden höre: »Aber *meine* Technik hat doch die längere Tradition
und ist doch besser als ...« – es bleibt sich letztlich gleich, welche
Technik oder Methode Sie praktizieren, ob Yoga oder Transzenden-
tale Meditation, Magie oder Zen-Buddhismus: Entscheidend für die
Effektivität der einzelnen Herangehensweisen ist allein der Glaube
an die in uns selbst liegenden Fähigkeiten. Der Mensch ist ein
unglaubliches Wunder, und *er* ist es, der den Methoden ihre Macht
verleiht.

Die Kräfte des Chaos

Verstehen Sie mich nicht falsch: Ich bin weit davon entfernt, die Naturwissenschaften in ihrer Gesamtheit zu verteufeln, wie es vielleicht in den vorangegangenen Kapiteln so manchesmal den Anschein erweckt haben mag. Obwohl mich ob der teilweise zum Himmel schreienden Starrköpfigkeit seitens einiger Naturwissenschaftler doch der heilige Zorn durchfährt, halte ich es für ebenso borniert, die Wissenschaft kategorisch abzulehnen. Viele große Entdeckungen, die wir heute nicht mehr missen möchten, wurden im Zuge wissenschaftlicher Forschung gemacht. Was unserer Wissenschaft fehlt, ist die Verbindung ihres überaus scharfsinnigen, analytischen Intellekts mit der weichen, synthetisierenden Energie des Herzens. Erst dadurch entsteht der Boden, auf dem der verantwortungsvolle Umgang mit all diesem Wissen zum Wohle der Menschen, nicht zu ihrem Wehe, beitragen kann.

Eine Annäherung beider Wissensbereiche, des esoterischen und des naturwissenschaftlichen Gedankenguts, tut not, und ich hoffe, auf den vorangegangenen Seiten Möglichkeiten aufgezeigt zu haben, auf welche Weise diese Versöhnung stattfinden könnte. Ich komme nicht umhin, es zu sagen: Auch im esoterischen Lager herrscht eine zu starke Dogmengläubigkeit vor, die ihren Wurzeln nach mit der Intoleranz mancher Naturwissenschaftler absolut identisch ist. Es ist dies die Angst vor neuen Räumen und Möglichkeiten, die immer auch eine Relativierung des eigenen Standpunkts nach sich ziehen und damit auch eine gewisse Unsicherheit und Chaos. Und was verabscheut unser Verstand so heftig wie die Ungewißheit?

Es macht keinen Sinn, ein erwiesenermaßen längst hinfälliges Newtonsches Weltbild zu verdammen und an dessen Stelle nur wieder ein anderes Dogma zu setzen, das ebenfalls starr und schwerfällig daherkommt. Ich verstehe mich als Wanderer zwischen allen Welten und Stühlen und möchte die Rosinen aus *beiden* Kuchen, um sie dann zu einer umfassenderen Synthese zu verschmelzen, die größer und lebendiger ist als alle Meinungsverschiedenheiten. Beide Teile unseres Wesens, sowohl die rationale als auch die intuitive Seite, können so unendlich viel voneinander profitieren. Unser Verstand fri-

stet kein jämmerliches Dasein als Spitze des Eisbergs eines in der Tiefe des Ozeans gelegenen Unbewußten – die menschliche Psyche *braucht* den Verstand, ohne den eine Differenzierung der ansonsten alles verschlingenden und alles Leben auslöschenden Kräfte des Chaos nicht möglich wäre. Es ist ja gerade der Verstand, der unserem Leben Struktur verleiht, und sei es nur, um auf unserem Lebensweg immer ein Stückchen Struktur mehr aufzugeben und den gewaltigen, magischen Kräften des Lebens mehr Raum zu überlassen.
Ich verstehe das Leben als ein wundervolles Wechselspiel dieser beiden Komponenten und halte das Ego und den Verstand absolut nicht für verdammenswert. Es ist nicht der Verstand an sich, der uns leiden läßt, wie einige Weltanschauungen es uns gerne glauben machen wollen, sondern unsere maßlose Überbewertung seiner Möglichkeiten und die übertriebene Rolle, die unsere Kultur dem rationalen Denken eingeräumt hat. Wenn wir wieder das richtige Maß finden und ein Gleichgewicht zwischen diesen beiden Teilen herstellen können, werden sie sich berühren und in einen harmonischen Austausch von solch kreativer Kraft treten, das es ausreichen wird, um uns und unseren Planeten zu heilen.

Experiment Nr. 14

Setzen Sie sich vor eine beliebige Tafel und schauen Sie auf eine für Sie angenehme Art in die dritte Dimension. Versuchen Sie ein Gespür dafür zu bekommen, wie Ihre beiden Augen und Gehirnhälften zusammenarbeiten müssen, damit der Eindruck der räumlichen Tiefe entsteht. Nach einer gewissen Zeit laufen Ihre Gehirnhälften in ruhigem, regelmäßigem Gleichtakt. Es können Botschaften, Inspirationen und kreative Einfälle aus den Tiefen Ihres Bewußtseins an die Oberfläche sprudeln, die Sie am besten gleich niederschreiben, da sie eine ähnlich flüchtige Gestalt haben wie die Traumbilder der Nacht.
Sie können Ihre Trance auch ein wenig aktiver verwenden und sich die erhöhte Suggestibilität dieses Bewußtseinszustandes mit der folgenden Methode zunutze machen:
Denken Sie an eine Situation der jüngsten Vergangenheit, in der Sie sich nicht sonderlich wohl gefühlt haben und fragen Sie sich, welche

Kraftquelle Sie in diesem Moment hätten gebrauchen können, um sich angemessener zu verhalten. Während Sie an die unangenehme Situation denken, schauen Sie nur mit dem rechten Auge auf die Tafel. Denken Sie dann an Ihre Ressource und betrachten Sie die Tafel mit dem linken Auge. Wechseln Sie zwischen diesen beiden Zuständen hin und her, bis Sie das Gefühl bekommen, daß sie sich einander annähern. Verschmelzen Sie dann diese beiden Aspekte zu einer einzigen Situa-tion, indem Sie dabei in die dritte Dimension des Bildes schauen und zu sich selbst sagen: »Wenn ich mich das nächste Mal in einer solchen Situation befinde, steht mir meine Quelle der Kraft zur Verfügung.« Ändern Sie diesen Text nach Belieben, so daß er sich gut für Sie anfühlt. Sehen Sie sich selbst in der dritten Dimension, wie Sie sich in dieser problematischen Situation befinden *und* Zugang zu Ihren Ressourcen haben. Im Laufe der Zeit können Sie diese Übung für schwierigere Situationen anwenden. Zu Beginn sollten Sie sich jedoch auf weniger gravierende Fälle beschränken.

Das elektromagnetische Geisterfeld

Begreifst du es,
sind die Dinge so,
wie sie sind.
Begreifst du es nicht,
sind die Dinge so,
wie sie sind.

Sprichwort des
Zen-Buddhismus

Die von mir auf den vorigen Seiten besprochenen Forschungsergebnisse sorgen derzeit für eine Revolution in den medizinisch-biologisch orientierten Naturwissenschaften, wie es seit der Entdeckung des Penicillins nicht der Fall war. Selbst hartgesottene Reduktionisten kommen jetzt nicht mehr umhin, sich mit Fragen zu beschäftigen, die vor nicht allzu langer Zeit nur mit einem müden Lächeln quittiert wurden. Eine völlig neue Sicht des Lebens erscheint am Horizont, die die alten Paradigmen erschüttern und mit ohrenbetäubendem Lärm zum Einstürzen bringen wird. Nichts ist mehr so wie früher. Unsere Anschauungen von der Komplexität und den dem Leben innewohnenden Möglichkeiten sind beträchtlich erweitert worden. Der Kreis ist dabei, sich zu schließen. Am Anfang stand die Geisterwelt der Schamanen und Heiler, und nun findet die Naturwissenschaft ein Erklärungsmodell für die beim Heilen ablaufenden Vorgänge. Wir stehen noch am Anfang dieses neuen Weltbildes – nun, Rom wurde schließlich auch nicht an einem Tag erbaut, und bei Licht besehen ist die gerade stattfindende Revolution in den Naturwissenschaften Ausdruck und Beginn der vermutlich größten gesellschaftlichen und kulturellen Umwälzung, die unser Planet jemals gesehen hat.

Ein letztes bleibt mir an dieser Stelle noch zu sagen bzw. zu fragen: Wissen Sie eigentlich so genau, was ein elektromagnetisches Feld ist? Ich weiß es nämlich nicht, obwohl ich die ganze Zeit über wohl den Eindruck erweckt habe, als kenne ich mich mit derlei Dingen aus. Tu ich nicht, tu ich nicht. Und – pssst! – auch die Wissenschaft hat eigentlich keine Ahnung; aber nun, dem Kind ist zumindest ein Name gegeben, und, seien wir ehrlich, »elektromagnetisches Feld« hört sich doch besser an als »Geisterwelt«. Oder?

Cyberoptics in der magischen Arbeit

... Magier sein dagegen sehr

In diesem Kapitel möchte ich näher auf die große Bandbreite von Anwendungsmöglichkeiten der magischen Bilder in der meditativen, heilenden und magischen Praxis eingehen. Wie wir schon feststellen konnten, haben die Cyberoptics schon auf rein physiologisch-chemischer Basis einige sehr faszinierende Auswirkungen. Im letzten Kapitel haben wir dieses Verständnis noch vertieft, als wir die elektromagnetischen Aspekte des Lebens und insbesondere der Zirbeldrüse untersuchten. Dabei tat sich ein wissenschaftliches Erklärungsmodell auf, welches Vorgänge bei der Geistheilung oder Visualisation zum erstenmal physikalisch begründen kann.
Techniken wie Meditation, Visualisation oder magische Praktiken lassen sich hervorragend durch den Einsatz von 3D-Bildern unterstützen und verstärken. Sie setzen dabei genau an dem Punkt an, der für die Effektivität dieser Methoden sowieso schon immer verantwortlich war: Imaginative Kraft, gedankliche und emotionale Energie müssen zusammenwirken, um einen möglichst starken Output zu bewirken. Nichts anderes machen die Cyberoptics, da sie mit ihrer Wirkung an *der* Stelle ansetzen, die für die Entstehung dieser elektromagnetischen Felder allem Anschein nach verantwortlich ist: an der Zirbeldrüse. Von diesem Punkt in unserem Gehirn gehen vermutlich Energien aus, die tiefgreifende Einflüsse auf unseren gesamten Or-

ganismus und sogar auf andere Menschen ausüben. Diese Energien wollen wir uns auf den folgenden Seiten erschließen und in unsere praktische Arbeit integrieren. So lassen sich die Cyberoptics für alle mir bekannten Visualisationstechniken verwenden; die Visualisation bestimmter Symbole oder Energien hat ja in der magischen Arbeit seit jeher eine Schlüsselrolle gespielt.

In der magischen Arbeit liegt ein Hauptaugenmerk auf der Erzeugung imaginierter Bilder, die dann mit bestimmten Emotionen verknüpft werden, um die gewünschten Wirkungen hervorzubringen. Je stabiler und lebendiger dabei das vorgestellte Bild, desto stärker und unmittelbarer das Resultat. Das Ganze ist natürlich ein wenig vereinfacht dargestellt, aber ich denke, im wesentlichen stimmt es schon. In der Magie werden auch die anderen Sinne miteinbezogen; so werden beispielsweise bestimmte Räucherungen verwendet, um unseren Geruchssinn, der sehr eng mit dem limbischen System – Sitz unserer Gefühle – verknüpft ist, zu stimulieren; oder Klänge, die uns ja auch sehr stark emotional berühren können. Doch der Dreh- und Angelpunkt liegt immer bei der Imagination, der Kraft des inneren Auges. Wird ein Pentagramm z.B. nicht richtig visualisiert, verliert es unter Umständen seine ganze Wirkung, und das mag in bestimmten Situationen durchaus recht unliebsame Folgen haben.

Der Magier stellt sich bei der Evokation der Naturelemente ein flammendes Pentagramm vor, visualisiert es so deutlich wie nur irgend möglich, achtet dabei darauf, daß die Ecken des Pentagrammes wirklich geschlossen sind und beschwört dann durch die jeweilige Ziehrichtung des Fünfsternes die dazugehörige Elementarkraft. Jetzt ist das Pentagramm ein so mächtiges Symbol, daß es selbst bei unzureichender Imaginationsfähigkeit des Magiers schon Wirkungen zeitigt. Doch sollte jeder verantwortungsvolle Zauberlehrling mit diesen Beschwörungen erst beginnen, wenn er einen gewissen Grad der Vorstellungskraft erreicht hat.

Zum Erzeugen wirklich lebhafter und deutlicher imaginierter Bilder gehört einiges an Übung, wie jeder weiß, der sich schon einmal mit diesen Dingen befaßt hat. Was liegt näher, als die 3D-Bilder, deren ureigenes Merkmal jenes spezifische Leuchten ist, in die magische Arbeit zu integrieren? Durch Betrachten der magischen Bilder brennen sich die darin verborgenen Tiefenbilder gleichsam ins Gehirn ein, was ja auch kein Wunder ist – werden die Motive doch letztendlich von unserem Gehirn selbst erzeugt. Die bei den Stereogrammen erscheinende Tiefe ist eine Eigenkonstruktion des Gehirns, und dementsprechend intim ist dann notwendigerweise die Beziehung zu dem von ihm erschaffenen Objekt. Viele Menschen, die schon seit geraumer Zeit mit diesen Bildern experimentieren, berichten von einer geradezu phantastisch anmutenden Erinnerungs- und Imaginationskraft bezüglich der von ihnen in der 3. Dimension betrachteten Bilder. Das reicht sogar so weit, daß manche der Motive auch im Traum, in der 5. Dimension sozusagen, in Erscheinung treten.

Und exakt diesen Mechanismus können wir uns bei jedweder Arbeitsweise, die unsere Imaginationsfähigkeit zum Einsatz bringt, zunutze machen. Je intensiver das von uns vorgestellte Bild, desto gebündelter die Kraft und Wirkung des imaginierten Symbols. So lassen sich derart verinnerlichte Bilder auch für aus der Magie hinlänglich bekannte Wunscherfüllungstechniken verwenden. Diese althergebrachten Methoden halten inzwischen unter dem Deckmäntelchen der Wissenschaftlichkeit Einzug in moderne Therapieformen, wie z.B. das NLP (Neurolinguistisches Programmieren).

Auch hier gilt: Je deutlicher wir das von uns angestrebte Ziel mit unserem inneren Auge wahrnehmen können, desto wahrscheinlicher ist es, daß sich unsere Zielvorstellung auch materialisiert. Zumindest was den Bereich der Imagination anbelangt, haben Sie mit den Stereovisionsbildern ein unschätzbares Hilfsmittel an der Hand, um Ihre wie auch immer geartete Arbeit zu perfektionieren. Alle weiteren Ereignisse liegen, wie schon immer, allein im Verantwortlichkeitsbereich des Magiers selbst, denn: Magier werden ist nicht schwer …

Der Zauberstab

Unter den Tafeln zu den vier Elementen befindet sich auch das magische Werkzeug, welches dem Element Feuer zugeordnet wird: der Stab oder Zauberstab. Seit undenklichen Zeiten ist er ein wichtiges Hilfsmittel für den praktisch arbeitenden Magier und symbolisiert die feurige, impulsive und dabei schöpferisch-kreative Kraft des Feuers.

Er repräsentiert den ersten, ursprünglichen Impuls, der einer Neuschöpfung vorausgeht: den ersten Gedanken vor einer konkreten Tat, die immer auch ein Akt des Willens ist. Und wie ließen sich unsere körpereigenen elektromagnetischen Felder besser beeinflussen als durch die Kraft des Feuers, die ja sehr stark mit der Elektrizität assoziiert wird? Nun läßt sich dieser Stab sowohl für die rituelle Arbeit eines Magiers nutzen als auch zum Zwecke der Selbstheilung.

Diese magische Waffe ist bewußt sehr schlicht gehalten, und das hat auch seinen Sinn: Es ist in erster Linie *Ihr* Stab, und Sie müssen daraus auch erst Ihr eigenes Werkzeug machen. Durch Sie allein bekommt der Stab seine Kraft, er ist Ihre Schöpfung, und ohne die Kraft Ihrer Gedanken und Emotionen bleibt er ein blutleeres Sinnbild, das rein gar nichts bewirkt. Laden Sie aber dieses Instrument in der Meditation mit Ihrer Energie auf, eignen Sie es sich im Laufe der Zeit immer mehr an, und es wird ein mächtiges magisches Werkzeug im Tempel Ihrer Imagination. Sie bestimmen die Form (ändern Sie die vorgeschlagene nach Gutdünken; sie soll nur eine Anregung sein, um Ihre Phantasie ein wenig auf Trab zu bringen), Farbe, Größe, das Aussehen etc. Es spielt letztlich keine Rolle, wie Ihr Zauberstab aussieht, es geht nur um die emotionale Verbindung, die Sie zu Ihrer ureigensten Schöpfung haben. Alles weitere ist Nebensache. Wenn Sie diese Verknüpfung erst einmal aufgebaut haben, werden Sie den Stab förmlich spüren können; wie er pulsiert und vibriert, zum Bersten voll mit Ihrer Energie und Lebenskraft.

Je öfter Sie dieses Gefühls- und Gedankengefäß aufladen, desto lebendiger und wirksamer wird es werden. Sie brauchen dafür wirklich kein Ritualmagier zu sein, der Stab ist wie gesagt nur ein – zugegeben recht mächtiges – Symbol, eine Art Füllhorn für Ihre Gedankenenergie. Sie werden mit diesem Stab sehr tiefgreifenden Einfluß auf Ihren Körper und Geist, in welcher Richtung auch immer, nehmen können. Sie können den Stab z.B. in hellem Licht erstrahlen lassen (in einer Farbe, die Sie mögen oder von deren Wirkkraft auf einem bestimmten Gebiet Sie überzeugt sind) und ihn dann in Ihrer Vorstellung auf einen Körperteil richten, der sich schwach oder krank anfühlt. Baden Sie diesen Teil Ihres Körpers im strahlenden, hellen Licht Ihres Stabes und *wissen* Sie, daß in diesem Moment die Selbstheilungskräfte Ihres Körpers massiv zum Einsatz kommen. Ihrer Phantasie sind bei den möglichen Anwendungsgebieten des Stabes keinerlei Grenzen gesetzt; versuchen Sie mit seiner Hilfe Dinge wahrzunehmen, die an einem anderen Ort, vielleicht sogar zu einer anderen Zeit stattfinden, probieren Sie es mit Gedankenlesen oder Telekinese.

Sie bestimmen die Grenzen, allein *Ihre* Glaubenssätze geben Ihren Handlungen bestimmte Richtlinien vor. Experimentieren Sie und denken Sie daran: Durch das Erschaffen imaginierter Bilder erzeugen Sie nachweisbare elektromagnetische Felder, die einen ungeheuren Aktionsradius besitzen. Gehen Sie dabei mit sich und anderen liebevoll um. Lernen Sie Ihre Grenzen kennen, und verzagen Sie nicht, wenn der Stuhl auch nach stundenlangem Bearbeiten immer noch keinen Zentimeter über dem Fußboden schwebt: Es ist noch kein Meister vom Himmel gefallen! Außerdem: Würden Sie es jetzt schon psychisch verkraften, sollte dieser verflixte Stuhl wirklich anfangen zu fliegen?

Betrachten Sie Ihr magisches Werkzeug eine Zeitlang in der dritten Dimension, bis Sie eine klare Vorstellung von seinem Aussehen gewonnen haben und Sie ihn, als würde er vor Ihnen stehen, vor Ihrem inneren Auge wahrnehmen können. Frischen Sie dann das imaginierte Bild immer wieder mal mit einem tatsächlichen Blick auf den in der dritten Dimension versteckten Stab auf. Im Laufe der Zeit werden Sie ihn mit Ihrem »dritten Auge« sehen können, als gäbe es ihn leibhaftig. Dann verfügen Sie über ein Werkzeug, das nur Ihnen gehört und Ihnen niemals wieder verlustig gehen kann; Sie werden mit diesem Instrument im Laufe Ihres Lebens eine Menge interessanter Erfahrungen machen und sich selbst und anderen viel Gutes tun können.

Luzide Träume

Psychonauten aller Zeiten und Länder sind seit jeher von einem Phänomen fasziniert, das sich während des Schlafes zuträgt und quasi durch die Hintertüre Bereiche unseres Geistes eröffnet, die weit jenseits der Grenzen unseres normalen Wachbewußtseins beheimatet

Um die Wahrheit zu erkennen, betrachte alle Erscheinungen als Lüge.

Thaganapa

sind. Ich spreche von unseren Träumen, und da im besonderen vom luziden Träumen. Bei dieser Art des Träumens, das auch Klarträumen genannt wird, sind Sie als Träumender hellwach und bei vollem Bewußtsein, obwohl Sie eigentlich schlafen. Sie sind sich der Tatsache voll bewußt, daß Sie träumen, können dabei aber völlig klar denken und nach Ihrem freien Willen handeln. Sie bewegen sich dabei in Dimensionen, die zum Teil nur sehr entfernte Verwandschaft mit der uns bekannten Welt haben. Dort finden Sie Zugang zu bis dato verschlossenen Inhalten Ihres Geistes, können neue, für Sie ungewöhnliche Verhaltensweisen ausprobieren und ähnlich spannende Dinge tun.

Das luzide Träumen besitzt ein enormes therapeutisches Potential, haben doch träumerische Konfrontationen mit Ängsten auch in der Wachwelt ihre Auswirkungen. So kann es nach so einer Begegnung durchaus zum Verschwinden eines hartnäckigen psychischen Problems oder dergleichen kommen. Ich selbst bin während solcher luzider Träume schon mehrfach geflogen – und das fühlt sich verdammt echt an, kann ich Ihnen sagen – durch Wände gegangen, als wären sie aus Gummi, konnte Dinge telekinetisch bewegen und bin auch schon so manch eher angstauslösenden Bewußtseinsinhalten begegnet: kurzum, eine ungeheuer aufregende Sache!

Mit Hilfe der Cyberoptics können Sie ganz spielerisch Zugang zu diesen faszinierenden Dimensionen bekommen und selbst ein Oneironaut werden (von griechisch *oneiro* = Traum). Wir gehen dabei Schritt für Schritt vor:

1.

Ich denke und hoffe, daß Sie inzwischen schon relativ leicht mit den verschiedenen Blicktechniken umgehen können. Trotzdem: Verfeinern Sie das ruhig noch ein wenig, indem Sie mit der Tafel Nr. 20 arbeiten, auf der die beiden Tattwareihen abgebildet sind (Tattwas sind die astralen Eingangstore zu den Elementarreichen). Überlappen Sie dann die beiden inneren Reihen so, daß eine dritte entsteht, die blitzt und blinkt. Wenn Sie sich damit sicher fühlen, gehen Sie zum nächsten Schritt.

2.
Überlappen Sie nun zwei von den innenliegenden Tattwareihen, so daß auch in der dritten Dimension zwei von ihnen erscheinen.

3.
Üben Sie solange, bis Sie das mit allen abgebildeten Punktreihen tun können, und zwar sowohl divergent als auch konvergent. Beim divergenten Schauen könnten Sie gewisse Probleme bekommen, da es für viele Menschen schwieriger ist auf diese Weise mehrere Ebenen zu sehen. Aber es kann funktionieren!

4.
Diese extreme Sichtweise wird auch »Hypersight« genannt, wegen der starken Ausweitung des magischen Blicks quasi in den Hyperraum hinein. Von diesem Punkt aus können wir durchstarten; jetzt wird es richtig psychoaktiv, wie Sie schon bemerkt haben dürften!

5.
Wenden Sie den »Hypersight« jetzt auch auf die Tafel mit der Spirale an. Die dritte Dimension verändert jetzt merklich ihr Aussehen. Wechseln Sie zwischen den einzelnen Ebenen hin und her, schauen Sie konvergent, divergent und schielen Sie, was das Zeug hält. Das führt uns dann zum nächsten Schritt.

6.
Wenn Sie diese Form der Übung über einen längeren Zeitraum hinweg praktizieren, kann es passieren, daß vor Ihnen Lichtblitze aufleuchten oder in der Tafel selbst Projektionen Ihres eigenen Geistes erscheinen. Beobachten Sie diese ruhig und schauen Sie weiter in das Bild. Wird es Ihnen zu heftig, legen Sie eine Pause ein und versuchen es zu einem späteren Zeitpunkt noch einmal. Auf das Phänomen der Lichtblitze gehe ich am Ende dieser Übung noch ein.

7.
Während Sie sich nun in diesem tranceartigen, hochsuggestiblen Bewußtseinszustand befinden, sagen Sie sich mehrmals mit Ihrer inne-

ren Stimme: »Ich werde mich an meine Träume erinnern«, und »Wenn ich das nächste Mal träume, werde ich erkennen, daß ich träume«. In Ihrer momentanen geistigen Verfassung sinkt alles, was Sie sich selbst vorsagen, tief in Ihren Geist hinein; allein diese Übung, über mehrere Tage hinweg praktiziert, müßte ausreichen, um Ihnen einen luziden Traum zu bescheren.

8.

Wenn Sie sich während des Betrachtens des Bildes ein paarmal suggerieren, daß Sie sich an dieses Objekt erinnern, sobald es Ihnen im Traum erscheint, ist die Wahrscheinlichkeit recht groß, daß dieses Bild eines Nachts in einen Ihrer Träume mit einfließt, Sie sich erst wundern und dann erkennen: »Das ist ja alles nur ein Traum!«

Freuen Sie sich schon auf diesen Moment und erschrecken Sie nicht allzusehr – sonst wachen Sie auf! Die dann folgenden Ereignisse stellen wahrscheinlich so einiges in den Schatten, was Sie bisher erlebt haben (und Sie haben mit Sicherheit schon so einiges mitgemacht!).

Währen Sie schlafen, führen Ihre Augen während der sogenannten R.E.M.-Phasen (= **R**apid **E**ye **M**ovement) recht heftige, absonderlich anmutende Bewegungen aus. In diesen Phasen wird auch am meisten geträumt, und Leute, die man während dieser Phasen aufweckt, können fast immer von einem lebhaften Traum berichten. Während dieses R.E.M.-Schlafes tanzen Ihre Augen gleichsam, und zwar divergent, konvergent, linksherum, rechtsherum, im Gleichschritt und bewegen sich, wie bei der Übung des Hypersights auch, nach oben und unten, auf die verschiedensten Arten; und all dies wird durch unterschiedliche Aktivitäts- und Bewußtseinszustände des Gehirns verursacht.

Wenn wir im Wachbewußtsein die oben beschriebenen Übungen durchführen, ahmen wir so unsere Augenbewegungen während dieser R.E.M.-Phasen nach und verknüpfen diese beiden Zustände miteinander. Sie werden – wie NLP-Therapeuten sagen würden – aneinander geankert.

Eine andere Möglichkeit, die Wahrscheinlichkeit eines luziden Traumes zu erhöhen, besteht darin, hinter geschlossenen Augenlidern während des Einschlafens zu konvergieren bzw. divergieren. So nehmen Sie praktisch eine Augenstellung, die ansonsten eher charakteristisch für die sehr traumintensiven R.E.M.-Phasen ist, vom Wachzustand in den Schlafzustand mit hinüber. Viele luzide Träume ereignen sich unmittelbar nach dem Einschlafen; ich selbst habe zwei Drittel meiner Klarträume direkt nach dem Einschlafen erlebt. Versuchen Sie während der Phase des Hinübergleitens vom Wachbewußtsein in den Schlaf einen Rest Ihres Bewußtseins an dem Objekt festzumachen, mit dem Sie auch die oben beschriebenen Übungen durchgeführt haben.

Dieses weite Gebiet des luziden Träumens und der möglichen Einflußnahme auf die Wahrscheinlichkeit eines luziden Traumes mit Hilfe der psychoaktiven Bilder sind noch weitestgehend unerforscht, doch eröffnet sich hier ein hochinteressantes Gebiet der Forschung, das noch viel Raum für wirkliche Pionierarbeit bietet. Ich selbst interessiere mich brennend für alles, was mit dem luziden Träumen in der Kombination mit dem magischen Blick zu tun hat, und würde mich sehr freuen, wenn Sie mir Ihre eigenen Erfahrungen auf diesem Gebiet mitteilen; meine Anschrift finden Sie am Ende des Buches.

Eine kleine Pause

Die Betrachtungen im physiologischen Teil des Buches haben uns ganz klar gezeigt, daß über die Schaltstelle der Zirbeldrüse ein enger Zusammenhang zwischen den Augenbewegungen und verschiedenen Bewußtseinszuständen besteht. Denken Sie hierbei nur einmal an Momente, in denen Sie spüren und *wissen*, daß Sie eine kleine Pause nun gut vertragen könnten. Eine Pause, um ein wenig die Augen zu schließen und Ihrem Unbewußten Zeit zu geben, die ganzen Ereignisse des Tages zu ordnen und auf eine für Sie angemessene Weise zu verarbeiten und in Ihr Leben zu integrieren – währenddessen Sie in eine kleine Trance sinken und dabei mit den Augen auf einen imaginären Punkt weit in der Ferne schauen, und Ihr Körper das Bedürfnis verspürt sich zu strecken und zu räkeln – Jetzt!

Und nun viel Spaß beim luziden Träumen; ach ja, und erschrecken

Sie nicht zu sehr, wenn Sie sich wieder einmal routinemäßig die Frage stellen: »Wach' ich oder träum' ich?« und plötzlich feststellen: »Das ist ja ein *Traum*!«

Das Phänomen der Lichtblitze

Während der Ausübung verschiedenster Formen der Meditation oder Kontemplation kommt es häufig zu bestimmten außergewöhnlichen Sinneswahrnehmungen. Dazu gehören neben stark verbesserter Hörfähigkeit und extrem ausgebildeter Körperbewußtheit auch die Phänomene der Lichtblitze im visuellen Bereich. Da tauchen Auren um Pflanzen, Menschen und Tiere ebenso auf wie funkenähnliche Lichtblitze im ansonsten leeren Raum. In einigen alchimistischen Texten finden sich dann auch Hinweise auf »Seelenfunken, die die Welt durchdringen«. Für diese Erscheinungen gibt es bislang keine vernünftige physikalische Erklärung.[5]
Die Fähigkeit, dieses »Wetterleuchten« wahrzunehmen, wird von einigen Mystikern mit dem Grad des spirituellen Fortschrittes in Relation gesetzt. So schreibt Henri Corbin, ein Religionsgelehrter: »Anfangs manifestieren sich diese Lichter wie Wetterleuchten, wie flüchtige Blitze. Je vollkommener die Transparenz des Anwärters ist, desto größer werden sie, gewinnen an Dauer, werden verschiedenartig, bis sie schließlich die Gestalt himmlischer Wesenheiten annehmen.«[6]
Himmlische Wesenheiten sind mir bei meinen Meditationen in der 3. Dimension bisher noch nicht begegnet (was nicht ist, kann ja noch werden), aber das mag durchaus am Grad meiner spirituellen Entwicklung liegen. Bestimmt sogar. Wetterleuchten hatte ich allerdings schon zur Genüge, und ich kann Ihnen versichern: allein diese Erscheinungsformen der Seelenfunken sind schon nicht ohne!
Jedenfalls ist es wohl möglich, diese Lichtblitzphänomene, hat man sie erst einmal in ihrer rudimentärsten Form erblickt, im Laufe der Zeit und meditativen Praxis immer mehr zu kultivieren und verfeinern.[7] Interessanterweise tauchen diese Lichtblitze vor allem im peripheren Bereich der Wahrnehmung auf. Was meine These bezüglich des weichen Blickes und dessen Potential, Fenster in andere Wirklichkeiten zu sein, aufs neue untermauert.

Op-Art in der dritten Dimension

Op-Art ist eine Kunstform, die, ähnlich wie die Stereogramme auch, in den Grenzbereichen unserer optischen Wahrnehmungsfähigkeit anzusiedeln ist. Mit Hilfe ungewöhnlicher Gitter und Kontraste wird das Auge an die Grenzen seiner Auflösungsfähigkeit gebracht, und die dabei entstehenden Phänomene entbehren nicht einer gewissen Brisanz. Bei der Tafel Nr. 20 könnte es sein, daß Sie trotz offensichtlichen Vorhandenseins zweier Farben, nämlich Schwarz und Weiß, verschiedenartig kolorierte Bewegungsmuster in diesem Bild wahrnehmen. Verschiedenartig kolorierte Bewegungsmuster??? Probieren Sie es aus, und Sie werden verstehen, was ich meine. In diesem Bild scheint tatsächlich eine gewisse Bewegung stattzufinden, und zudem blinken in den Zwischenräumen alle Farben des Regenbogens auf. Dieser Effekt funktioniert nicht bei allen Menschen, aber doch bei vielen. So oder so, diese Kontrastmuster werden Ihre grauen Zellen ordentlich in Schwung bringen; vor allem, wenn sie, wie ja in dieser Tafel beabsichtigt, mit dem stereoskopischen Blick kombiniert werden.
Die bei diesem Bild aufleuchtenden Farben werden ausschließlich von Ihrem eigenen Gehirn produziert und beruhen auf physiologischen Aspekten, die uns hier nicht weiter zu interessieren brauchen. Jedenfalls können Sie mit ein wenig Übung immer mehr Farben sehen und sogar willentlich bestimmen, welche Farbe jetzt gerade vor Ihren Augen aufblitzen soll. Mit einer gewissen Praxis kann diese Übung zu einer Steigerung der Farbwahrnehmung in Ihren Träumen beitragen.
Experimentieren Sie auch hier wieder mit allen Ihnen bekannten Blicktechniken. Sollte das Ihre Augen ein wenig überanstrengen – was gerade bei den Op-Art-Bildern sehr gut möglich ist – machen Sie eine kleine Pause, schließen Sie Ihre Augen und gönnen Sie ihnen einen kleinen Urlaub. Das eben Gesagte gilt für alle in diesem Buch beschriebenen Übungen. Sollten Sie intensiv mit Ihren Augen trainieren, die bisher vielleicht ein eher stiefkindliches Dasein gefristet haben: Übernehmen Sie sich dabei nicht. Wie jeder Muskel und jedes Organ, so braucht auch das Auge eine gewisse Einlernzeit, um

den neuen Anforderungen gewachsen zu sein. Immer dann, wenn Sie eine Überanstrengung der Augen bemerken – äußert sich diese nun durch Augentränen, ein Stechen im Kopf oder gar durch eine leichte Übelkeit – sollten Sie eine kleine Pause einlegen. Beim nächsten Anlauf wird Ihnen die Übung schon wesentlich leichterfallen.

Die Praxis des Aurasehens

Die von uns bisher verwendeten Techniken des magischen Blicks eignen sich auch in hervorragender Weise, um die Fähigkeit des Aurasehens zu erlernen. Sie werden unter anderem von chinesischen Heilpraktikern, aber auch Schamanen und Heilern der unterschiedlichsten Richtungen seit langer Zeit verwendet, um in der Aura des Patienten zu lesen. Mit dem Erlernen der divergenten Sichtweise haben Sie sich im Grunde genommen schon sämtliche Fertigkeiten erworben, die für die Praxis des Aurasehens benötigt werden.

Der Begriff der Aura dürfte den meisten von Ihnen schon geläufig sein, deshalb werde ich an dieser Stelle nicht weiter darauf eingehen. Für unsere Belange reicht uns die Grundannahme, daß die Aura die Befindlichkeit des Menschen in seiner Ganzheit, das heißt auf der physischen, emotionalen, mentalen und spirituellen Ebene widerspiegelt. Die Aura hat möglicherweise ihren Ursprung in den schon weiter oben erwähnten elektromagnetischen Feldern. Menschen, die die Aura sehen können, nehmen an kranken Stellen dieses Feldes z.B. häufig verschmutzte Farben wahr. Wo sonst eher lebendige und strahlende Stellen zu sehen sind, erscheinen sie in solchen Fällen grau oder braun. Diese differenzierten Fertigkeiten gehören aber schon zum Repertoire der eher fortgeschrittenen Seher.

Uns geht es hier um eine erste Annäherung an das Phänomen des Aurasehens, und wer von Ihnen schon in der Lage ist, dieses Energiefeld wahrzunehmen, wird vielleicht feststellen, daß er ganz intuitiv mit den von mir beschriebenen Techniken gearbeitet hat. Sie werden überrascht sein, wie leicht Ihnen das erste Erkennen durch die Anwendung der hier beschriebenen Methode fällt. Die Anregung zu dieser Vorgehensweise habe ich von dem Beitrag von Willi Franz in dem Buch *Das große Praxisbuch der Aura- und Chakrenarbeit*.[8]

Beginnen wir zunächst mit dem einfachsten Element, um die Komplexität der Übungen dann nach und nach zu steigern:

A)

Betrachten Sie mit divergentem Blick eines der 3D-Bilder, bis Sie sich richtig eingeklinkt haben und es Ihnen keine Mühe mehr macht, den Durchblick auch vom Stereogramm abzuziehen, ohne ihn dabei zu verlieren. Betrachten Sie dann einen Ihrer Finger vor einem relativ dunklen Hintergrund. Ein Stück schwarzer Pappe oder dunkler Stoff eignen sich sehr gut. Halten Sie dann Ihren Finger in ca. 5 cm Abstand über den dunklen Hintergrund und fixieren dabei aber nicht Ihren Finger, sondern fokussieren dahinter, ganz so, wie wir es beim divergenten Schauen auch gemacht haben. Vom Standpunkt Ihres Fingers aus betrachtet, schauen Sie jetzt divergent; er erscheint ein wenig unscharf. Sollte er gedoppelt sein, sollten Sie die Entfernung zum Hintergrund ein klein wenig verändern; vermutlich benötigen Sie einen kleineren Abstand. Wenn Sie nun mit Ihrer zweiten Aufmerksamkeit auf dem Finger bleiben, müßten Sie schon nach ein paar Sekunden einen leichten Kranz um ihn herum wahrnehmen. Der Fixationspunkt der Augen sollte dabei immer noch auf dem Hintergrund liegen, da Sie sonst die Aura wieder aus den Augen verlieren.

Am besten wäre es, Sie hätten Ihre Hände vor dieser Übung noch ein wenig energetisiert. Legen Sie dazu die Handflächen beider Hände aneinander, so als wollten Sie beten. Richten Sie dann Ihre Fingerspitzen auf Ihre Brust und bewegen dabei die Hände nach außen, von Ihrer Brust weg, so, daß sich die Fingerspitzen nur noch ganz vorne berühren und es ein wenig das Ziehen in Ihren Händen und Unterarmen anfängt. Machen Sie das etwa eine Minute lang, und betrachten Sie danach sofort Ihre Finger wie oben beschrieben.

B)

Betrachten Sie diesmal, nachdem Sie Ihre Hände und Finger aufgeladen haben, beide Hände vor dem dunklen Hintergrund. Lassen Sie dabei Ihre Fingerspitzen sich fast berühren, aber eben nicht ganz. Auch jetzt müßten Sie, vorausgesetzt Sie schauen divergent, deutliche Konturen Ihrer Aura wahrnehmen können. Zwischen Ihren Händen findet ein energetischer Austausch statt, und wenn Sie sie auseinanderführen, können Sie vielleicht wahrnehmen, wie sich die Auren Ihrer Hände ineinander verklebt hatten und jetzt langsam auseinanderreißen. Diese Beobachtung deckt sich mit den Aussagen einiger Tai-Chi-Meister, die von polaren Strömen in unserem Körper sprechen.

C)

Mit der gleichen Methode können Sie auch lernen, Ihre Ganzkörper-Aura in einem Spiegel wahrzunehmen. Setzen Sie sich hierfür vor einen einigermaßen großen Spiegel, und schauen Sie dann einfach hinter Ihr Gesicht, quasi durch es hindurch. Sie könnten die hinter Ihnen liegende Wand oder etwas ähnliches als Fixationspunkt nehmen. Auch hier ist es von Vorteil, wenn der Hintergrund recht dunkel gehalten ist. Dann divergieren Sie mit Ihrem Blick und schauen durch sich selbst hindurch, so, daß Sie Ihr Gesicht bzw. dessen Umrisse wieder nur leicht verschwommen wahrnehmen können. Und wieder sollten Sie um Ihren Kopf herum einen milchigen Schleier sehen können, der bei genauerer Betrachtung eventuell sogar ein leichtes Pulsieren aufweist: Das ist Ihre Aura »in motion«. Um ganz sicher zu sein, daß es sich bei diesem Schleier um Ihre Aura handelt, sollten Sie Ihren Kopf ein wenig hin und her bewegen: handelt es sich tatsächlich um Ihr körpereigenes Energiefeld, müßte es entsprechend den Bewegungen Ihres Kopfes seine Lage verändern.

Mit Hilfe der hier dargestellten Methoden sollten Sie bald imstande sein, jeden beliebigen Körperteil auf diese Art und Weise wahrzunehmen. Mit etwas Übung wird Ihnen das auch gelingen, ohne spezielle Vorkehrungen zu treffen. Eines Tages sind Sie vielleicht in der Lage, auch in der Aura Ihrer Mitmenschen lesen zu können.

Sie sind durchschaut!

Eine kleine Anmerkung am Rande: Je intensiver ich mich mit unserer Sprache beschäftige, desto häufiger stoße ich auf Wörter, die einen erstaunlich hohen Grad an tieferem Sinngehalt aufweisen und über ihre alltägliche Verwendung hinaus voller Weisheit und Einsicht stecken. Im Rahmen der eben besprochenen Übung habe ich öfter das Wort »durchschauen« verwendet. Oberflächlich gesehen meint dieses Wort in unserem normalen Sprachgebrauch so etwas wie: erfassen, verstehen, begreifen. Wörtlich verstanden bedeutet es, durch etwas oder jemanden »durch-zu-schauen«. Und das ist, wie ich finde, eine ganz spannende Sache. Unsere Sprache will uns also darauf hinweisen, daß man eine Angelegenheit richtig erfassen kann, wenn man sie quasi durchschaut, durch sie hindurchblickt, ganz so, wie wir es mit den magischen Bildern gelernt haben. Offensichtlich ist dieses Wissen über die spirituelle Form des Sehens uralt und fest in unserer Sprache verankert. Es muß im Laufe der Geschichte sehende Menschen gegeben haben, die durch die Benutzung solcher Wörter ihr Wissen weitergeben wollten. Das ist ziemlich esoterisch, meine ich. Don Juan versucht seinem Schüler Carlos Castaneda die ganze Zeit nichts anderes zu vermitteln.

Erst, wenn man aufhört, den Blick auf die Oberfläche der Dinge zu richten und durch sie hindurchschaut bzw. sie mit einem weichen Blick betrachtet, kann man bis auf den Grund sehen und besitzt den gewissen DURCH-BLICK. Man spricht auch davon, jemand besitze Überblick oder Durchblick und meint damit, daß er mehr sieht als andere. Und das stimmt, und zwar in einem sehr wörtlichen Sinne. Wenn Sie, anstatt die Dinge zu fixieren und anzustarren, Ihren Blick durch oder über eine Situation gleiten lassen, sehen Sie zwar nicht alles im Detail und gestochen scharf. Dafür aber dehnen Sie Ihr Gewahrsein auf die gesamte Szenerie aus und erfassen wesentlich mehr von den Ereignissen, die sich vor Ihren Augen abspielen.

Im Aikido hat man, wenn man von vier Leuten gleichzeitig angegriffen wird, keine Zeit, alles klar zu sehen, aber man muß die Bewegungen und Verbindungen deutlich erkennen. Weiche Augen ermöglichen es, alles auf einmal zu sehen, Teil von allem zu sein.

George Leonard [9]

Programme aus der Peripherie

An dieser Stelle möchte ich Ihnen gern von einem hochinteressanten Experiment berichten, das von Dr. John C. Lilly und seinem Team in den 70er Jahren durchgeführt wurde. Dabei wurde verschiedenen Versuchspersonen ein bestimmtes Wort über einen Zeitraum von 15 Minuten von einem Band in ständiger Wiederholung vorgespielt, z.B. das Wort »erkennen«. Die Versuchspersonen wurden gebeten, jedes von ihnen gehörte Wort aufzuschreiben. Von 300 Versuchspersonen wurden ca. 2300 verschiedene Wörter gehört, d.h., das Gehirn der Probanden wandelte ein und dasselbe Wort in 2300 Variationen dieses einen Klanges um. Ich habe dieses Experiment schon einmal selbst nachvollzogen und war sehr beeindruckt; es gehen deutlich alternierende Bewußtseinszustände mit diesem Experiment einher. So weit, so gut. Daraufhin hielt man den Versuchspersonen, während sie ein anderes Wort auf die gleiche Weise vorgespielt bekamen, Tafeln mit verschiedenen Wörtern in ihren peripheren Sehbereich. Die Wörter in der Peripherie übten, obwohl sie von den Probanden nicht gesehen werden konnten, einen deutlichen Effekt auf sie aus. War die Tafel gerade noch so weit von der zentralen Sehachse entfernt, daß die Probanden es nicht mehr bewußt lesen konnten, beeinflußte das auf der Tafel stehende Wort das, was die Versuchspersonen hörten, zu 90 Prozent! Ich zitiere John C. Lilly persönlich: »Dieses Experiment zeigte, daß die Menschen dauernd unterhalb der Ebene ihrer bewußten Wahrnehmung von der Peripherie ihres Blickfeldes her programmiert werden.«[10]
So oder so, die Peripherie übt also sehr nachhaltigen Einfluß aus auf das, was wir wahrnehmen, und zwar meistens auf sehr unbewußte Weise. Erweitern wir hingegen unseren Wahrnehmungsbereich mit dem weichen Blick, können uns Dinge enthüllt werden, die sich unserer bewußten Sichtweise ansonsten entziehen.

Was die dritte Dimension und die Quantenphysik verbindet

Im Bereich der Naturwissenschaften, insbesondere der Physik, begann zu Anfang dieses Jahrhunderts eine Revolution, die die damals beteiligten Naturwissenschaftler reihenweise zum Buddhismus konvertieren ließ. Na ja, ganz so war es nicht, aber im Ernst: Leute wie Werner Heisenberg, bekannt für die nach ihm benannte Unschärferelation, oder Niels Bohr, der Begründer des modernen Atommodells, ließen damals Sachen vom Stapel, wie sie ein Meister Eckehart nicht hätte tiefgründiger postulieren können. Auf all diese Forschungsergebnisse einzugehen würde hier zu weit führen, und dennoch gibt es eine Sache, die mir in unserem Kontext ganz besonders am Herzen liegt.

So ihr denn einst durch die Schleier und bis ins wirkliche Sein der Dinge dringt, werdet ihr wieder und wieder sagen: Das ist nun gar nicht so, wie wir es uns gedacht.

Rumi

Es war einmal ...

Stellen Sie sich die damaligen Ereignisse ungefähr so vor: Man war im Laufe der Jahrhunderte immer tiefer in die letzten Geheimnisse der Materie vorgedrungen und hatte alle möglichen Theorien und Modelle konstituiert, um die experimentellen Beobachtungen zu verifizieren. Man glaubte, der Wahrheit dicht auf den Fersen zu sein; so dicht, daß man beinahe ihren Atem zu hören meinte. Es herrschte eine ungeheuerliche Erregung und Spannung unter den Wissenschaftlern, und es roch nach Ruhm.
Doch dann geschah etwas so Unaussprechliches, für die damaligen

Da alles nichts weiter ist als bloßer Schein, und in seiner Art zu sein vollkommen, unberührt von Gut oder Böse, Bejahung oder Ablehnung, können wir ebensogut auch schallend darüber lachen.

Long Chen Pa
Tibetischer Meditationsmeister[11]

Wissenschaftler so Unerhörtes, daß es nicht übertrieben ist zu behaupten: Seither ist die Welt nicht mehr so, wie sie einmal war, auch und vor allem für unseren Verstand nicht. Es ist wirklich sehr schwer in Worte zu fassen, was den Forschern zu Beginn des 20. Jahrhunderts widerfuhr, aber ich will es dennoch versuchen.

Es war einmal … Man war treuer Anhänger der Newtonschen Sekte, die viele Gläubige schon seit Hunderten von Jahren in ihren Bann gezogen hatte. Und wie die meisten Sekten glaubte eben auch diese, im Besitz – oder zumindest auf dem Weg dahin – der alleinseligmachenden Wahrheit zu sein. Das ging jetzt schon einige Zeit so, und da man aufgrund einiger Formeln mit einer gewissen Treffsicherheit manche Ereignisse korrekt vorhersehen konnte, glaubten die meisten Anhänger dieser Sekte, potentiell allwissend zu sein. Ein richtig fanatischer Newton-Jünger unserer Tage ist übrigens der aus Büchern, Funk und Fernsehen bekannte Stephen Hawking, der jüngst verkündet hat, demnächst die Formel des Universums ausgetüftelt zu haben. (Daß er mir nur ja gleich die Patentrechte dafür erwirbt, sonst macht das dicke Geschäft wieder jemand anderes!) Damals führten die Wissenschaftler eine Reihe bedeutender Experimente aus, von denen uns vor allem eines interessieren soll: Es ging dabei um die Elektronen, von denen man annahm, daß sie in einer Art Wolke um den Atomkern herumflitzten.

Man war sich bei diesen verflixten Dingern nicht ganz sicher, ob es Teilchen – winzig, winzig klein zwar, aber Teilchen – oder doch Wellen waren. Dazu muß man wissen, daß Teilchen und Wellen ungefähr so verschieden voneinander sind wie ein BigMac und Rohkost.

Nun versuchten die einen, Anhänger der Teilchen-Theorie, den Elektronen Teilchencharakter nachzuweisen – und hatten Erfolg! Ein großes Jubelgeschrei ertönte: Man war der Wahrheit wieder ein Stück näher gekommen. Der große Tag konnte nun nicht mehr so weit sein. Doch erstickte dieses Jubelgeschrei im Keime, als die Anhänger der Wellentheorie bei ebenfalls wissenschaftlich unumstößlicher Genauigkeit auf das Ergebnis kamen, die Elektronen hätten doch Wellencharakter. Sie können sich die Bestürzung der Anhänger der Newton-Sekte nicht vorstellen. Das konnte nicht sein! Das *durfte* nicht sein!

Und so gab es auch etliche Gläubige, die nichts auf ihren Guru Isaac kommen ließen, und die einfach so weitermachten wie bisher, als wäre weiter nichts geschehen. Klar, ein flaues Gefühl im Magen blieb zurück, aber das würde im Laufe der Zeit schon wieder verschwinden …

Andere, die mit dem Verdrängen ihre lieben Probleme hatten, waren schlicht erschüttert. Viele fanden im Buddhismus Trost, weil der die Konsequenzen aus diesem Versuch sooo umwerfend gar nicht fand – sprechen die Buddhistischen Überlieferungen doch schon seit langer Zeit, wenngleich in einer anderen Terminologie, von Elektronen, die Teilchen *und* Wellen sind.

Quantenbewußtsein

Diese Elektronen also – Inbegriff der atomaren Welt, der man ihr Geheimnis zu entreißen hoffte – waren einfach nicht festzunageln, und so machten sich einige findige Köpfe daran, irgendeine logische Erklärung dafür zu finden. Sie kamen in etwa zu folgenden Ergebnissen:

– Die Wirklichkeit kann nicht *getrennt* von einem Beobachter beschrieben werden.
– Der Beobachter *ist ein Teil* der von ihm beobachteten Wirklichkeit.
– Der Beobachter *erzeugt* die von ihm beobachtete Wirklichkeit.

Will er einem Elektron Teilchencharakter nachweisen: bitte, kein Problem. Möchte er in der Natur der Elektronen aber lieber wellenähnliche Wesenszüge vorfinden: auch das wird im Handumdrehen erledigt.

Unsere Welt ist in ihrem tiefsten Sein nicht so oder so, sondern immer das, was wir aus ihr machen. Was spirituelle Meister schon so oft verkündeten, lehrt uns inzwischen auch die moderne Naturwissenschaft. Was das jetzt alles mit 3D zu tun hat? Bitte schön: Die Antwort finden Sie im

Experiment Nr. 15

Nehmen Sie sich die Tafel mit der Spirale zur Hand und betrachten Sie sie, einfach so, ohne die Augen zu verrenken. Was sehen Sie?
Konvergieren Sie dann ihren Blick. Was sehen sie *jetzt?*
Dann divergieren Sie mit den Augen. Und nun?
Nehmen Sie sich für diese Übung ein wenig Zeit, vor allem, um die Implikationen dieses Experiments einmal genau zu durchdenken.

MultiMind

Die Lösung des Problems des Lebens merkt man am Verschwinden dieses Problems.
Ludwig Wittgenstein[12]

Dieses Spiel ließe sich auf mehreren Ebenen noch unendlich ausdehnen, und die dabei auftauchenden Überlegungen sind so konsequent und folgerichtig, daß es keiner Elektronen bedarf, um die Auswirkungen zu begreifen, die diese ganze Angelegenheit auf unser Leben haben kann. Vieles, was wir für sicher und stabil halten, ist so unumstößlich gar nicht. Auf dieser Tafel haben Sie je nach Veränderung Ihrer Perspektive völlig unterschiedliche Realitäten wahrgenommen, alle anders, alle gleich-gültig. Und *das* ist Quantenphysik. Das *ist* es. So *ist* es. Multidimensional. Beobachtererzeugt. Frei.
Sie, niemand anderes, bestimmen den Standpunkt, den Sie einnehmen. Wollen Sie Haß in der Welt sehen: geht klar, können Sie haben. Wollen sie die Liebe entdecken: auch das – kein Problem.
Alles, *alles* hängt allein von Ihrem Standpunkt ab; Sie erschaffen im Zusammenspiel mit Milliarden anderer Zaubermeister Universen über Universen.
Es ließen sich an dieser Stelle noch einige Experimente aus der damaligen Zeit aufführen, die aus einem Science-Fiction-Roman entsprungen sein könnten oder aus dem tibetanischen Totenbuch, aber das soll vorläufig genügen. Mir ging es vor allem um das Experiment mit der Tafel und die damit verknüpfte Erfahrung. Es ist so offensichtlich, daß wir es glatt übersehen. So *ist* das.

Kapitel 6

Die Tradition
des magischen Blicks

Die Tafeln von Chartres

Der weiche Blick, wie wir ihn jetzt schon in den verschiedensten Facetten beleuchtet haben, besitzt in der spirituellen Geschichte schon eine lange Tradition.

Er wurde bei den Zigeunern als mächtiges Meditationswerkzeug verwendet, wie es von Pierre Derlon in *Die Gärten der Einweihung* zum erstenmal einer breiteren Öffentlichkeit zugänglich gemacht wurde.

Dort leitet sich der weiche Blick von den »Tafeln von Chartres« ab, die in der Kathedrale von Chartres im Grundriß erscheinen. Diese Kirche wurde in ihrem Aufbau auf der Grundlage der drei Tafeln errichtet. George Pennington stellt in seinem Buch *Die Tafeln von Chartres* auch eine enge Beziehung der Tafeln zur Legende des heiligen Grals her, in dessen Geschichte jede der drei Tafeln eine gewichtige Rolle spielte. Der Mythos des Grals und die damit zusammenhängende Symbolik der Tafeln wird von George Pennington auch nicht als bloße Metapher, sondern als gangbarer, dem westlichen Bewußtsein sehr nahestehender Weg der Einweihung verstanden.

Doch erst durch die Veröffentlichung von Pierre Derlon tauchten erste konkrete Hinweise zur praktischen Umsetzung der Tafelsymbolik auf. Er beschreibt in seinem Buch eine über Jahrhunderte geheimgehaltene Meditationstechnik französischer Zigeuner, die mit den Tafeln von Chartres seit langer Zeit unmittelbare spirituelle Einweihung praktizieren.

Das Auge, in dem ich Gott sehe, ist das gleiche Auge, in dem Gott mich sieht. Mein Auge und Gottes Auge sind ein und dasselbe Auge, ein und derselbe Blick, ein und dieselbe Erkenntnis, ein und dieselbe Liebe.

Meister Eckehart

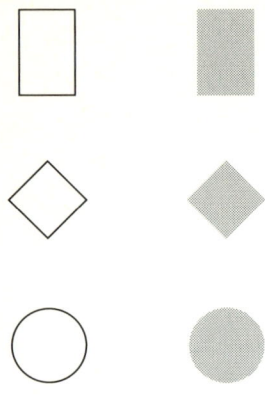

Abbildung Nr. 16

Es existieren drei verschiedene Grundformen der Tafeln:
1. ein Rechteck, ganz oben stehend
2. ein auf der Ecke stehendes Quadrat
3. und ein Kreis.

George Pennington sieht die beiden Kreise als wesentliche Bestandteile der Tafel und verwendet sie in seinem Buch *Der Weg über die Augen* ausschließlich. Ich möchte jedem, der sich näher für die Tafeln und ihre Geschichte interessiert, seine beiden Bücher sehr empfehlen. Doch uns geht es ja in erster Linie um die Verwandtschaft des uns schon wohlbekannten magischen Blicks mit einer uralten spirituellen Tradition, um den Gehalt unserer Methode noch tiefer verstehen zu lernen.
Ähnlich wie schon bei Don Juan, wird diese Art des Sehens hauptsächlich dazu verwendet, um dem »Nichts« zu begegnen. Die Tafeln werden dabei benutzt, um die dafür notwendige Ruhe der Gedanken zu erzeugen, ohne die unsere Wahrnehmung immer getrübt sein muß vom falschen Schein unserer Urteile und Bewertungen.
»SEHEN«, so schreibt Pierre Derlon »heißt die körperlichen Schranken überschreiten.«[1]
Es war für mich sehr faszinierend zu entdecken, wie zwei so unterschiedliche Kulturen wie die der französischen Zigeuner und die der südamerikanischen Schamanen die gleichen Techniken verwenden, um ein und dasselbe Ziel, die Essenz jeder Meditation zu destillieren: Die Stille der Gedanken und die daraus resultierenden Sinneseindrücke, im speziellen das *Sehen*.

Ausflug in die Mythologie

Unser Auge scheint dem göttlichen Funken näherzustehen als jedes andere Sinnesorgan unseres Körpers. Auch die enge Verwandtschaft mit dem dritten Auge, der Zirbeldrüse, deutet in diese Richtung. Unser Auge wird auch mit Allwissenheit und der Fähigkeit zur intuitiven Voraussicht in Verbindung gebracht. Dabei gilt das Auge als Symbol aller Sonnengötter. Es steht für Licht und die Erleuchtung.

Ohne Licht sieht es nichts, nur Schwärze und Dunkelheit. Die Er-leucht-ung ist ein Zustand erhöhten Lichteinfalls oder unsere Fähig-keit, mehr Licht wahrzunehmen und über unsere Augen in uns ein-strahlen zu lassen. Platon nennt unser Auge das am meisten solare Sinnesorgan. Dieser Vergleich ist nicht weiter verwunderlich, braucht doch das Auge die Sonne, wie wir die Luft zum Atmen. In allen reli-giösen Traditonen wird das Auge mit Erleuchtung und erhöhter Wahrnehmungsfähigkeit in Verbindung gebracht, was uns, nach al-lem was wir bisher von ihm erfahren haben, auch nicht weiter über-raschen sollte.

In der ägyptischen Tradition steht das rechte Auge für die Sonne und den Gott Osiris; das linke Auge symbolisiert den Mond und die Göt-tin Isis. Erinnern Sie sich an die physiologischen Zusammenhänge zwischen den Augen und unseren Hemisphären? Das linke Auge steht in Verbindung mit der rechten Gehirnhälfte und umgekehrt. Nun sagt man der linken Hemisphäre mehr solche Fähigkeiten wie logisches, klares und strukturiertes Denken nach, während die rechte innerhalb dieses Modells mehr unsere kreativ-intuitiven Fähigkeiten repräsentiert. Wenn das kein spannender Zusammenhang mit der ägyptischen Zuordnung linkes Auge/rechte Hemisphäre/Mond-Isis und rechtes Auge/linke Hemisphäre/Sonne-Osiris ist! Die alten Ägypter waren ihrer Zeit wohl in so mancherlei Hinsicht voraus; jetzt muß man sie also auch noch als Neurophysiologen ernstnehmen!

Praktische Arbeit mit den Tafeln

Sie sehen auf der Bildkarte Nr. 20 einen roten und einen blauen Punkt abgebildet. Diese beiden Kreise sind nur ein Ausschnitt aus dem gesamten Tafelsatz, reichen aber für unsere Zwecke völlig aus. Wie wir im Kapitel *Physiologie* bereits gesehen haben, stehen unsere Augen mittels der Sehnerven mit unseren beiden Gehirnhälften di-rekt in Verbindung, und zwar sowohl über Kreuz als auch mit der je-weils dahinterliegenden. Diese Gegebenheit macht sich die folgende Übung zunutze:

Experiment Nr. 16

Überlappen Sie den roten und den blauen Kreis mit der konvergenten Blicktechnik. Daraufhin erscheint in der Mitte ein dritter, violetter Kreis. Da Violett die Mischung aus Rot und Blau darstellt, können Sie jetzt anhand des Farbtons im mittleren Kreis Vermutungen über die Aktivitätsunterschiede Ihrer beiden Gehirnhälften anstellen, denn offenbar arbeiten unsere beiden Hemisphären Hand in Hand, besser: Hirn in Hirn, um diesen violetten Kreis hervorzubringen. Aus diesem einfachen physiologischen Grund können die Kreise, wie alle magischen Bilder auch, hervorragend zur Synchronisation der beiden Hemisphären eingesetzt werden.

Bei vielen Menschen des westlichen Kulturkreises liegt eine prägnante Überbetonung der Fähigkeiten vor, die man eher unserer linken Gehirnhälfte zuordnet. Die rechte Hemisphäre liegt oft ein wenig brach, obwohl sie uns unschätzbare Hilfestellung bei der Bewältigung zahlreicher Probleme leisten könnte.

Nur ein Modell

Die hier beschriebenen Funktionen der beiden Hemisphären sind nach neuesten naturwissenschaftlichen Erkenntnissen viel zu stark vereinfacht, und einer der Mitbegründer der Hemisphären-Theorie, Robert Ornstein, hat dieses Konzept längst zugunsten eines umfassenderen Ansatzes verworfen. In seinem Buch *Multimind* spricht er von einer Art Modul-System, das das Zuhause für unsere verschiedenartigen Persönlichkeitsanteile ist. »Der Glaube, daß eine Person einen (im Falle der Hemisphärentheorie *zwei*; Anm. d. Autors) Geist hat, ist eine Illusion. Es gibt keinen einzelnen Geist, sondern viele; wir sind eine Koalition, nicht eine einzelne Person.«[2]

Mißverstehen Sie bitte dann auch die Hemisphärentheorie trotz ihrer derzeitigen Popularität nicht als getreue Wiedergabe der in unserem Gehirn vorherrschenden Verhältnisse, sondern nur als ein Arbeitsmodell. Dann kann es uns einen guten Dienst erweisen. Es ist nur schlimm, mitansehen zu müssen, mit welch blindem Eifer sich die Anhänger der verschiedensten Richtungen auf dieses simplifizierte

Modell gestürzt und es für ihre Zwecke verbraten haben. »Ich hab's ja schon immer gewußt, alles Yin und Yang, ganz klar!«

Ob im Managementbereich, beim neuesten Kreativitätsworkshop oder auf dem Selbsterfahrungswochenende: Alle reden von der Hemisphärentheorie, als wäre sie das Allheilmittel, das uns auf einen Schlag von all unseren Sorgen befreien könnte. Und das, obwohl dieses Modell schlicht und ergreifend nur sehr unzulänglich die genauen Verhältnisse in unserem Gehirn wiedergibt. Nun gut – auf jeden Fall können Sie mit Hilfe der oben beschriebenen Übung Ihre beiden Augen und damit indirekt auch Ihre beiden Hemisphären trainieren.

Die Tafeln als Biofeedback-Apparatur

George Pennington schreibt in diesem Zusammenhang auch von der Möglichkeit, die Tafeln von Chartres als Biofeedback-Mechanismus einzusetzen, dargestellt durch die Farbe Violett. Erscheint diese Farbe rein, d.h. ohne einmal ins Rote oder ins Blaue abzukippen, müßte aufgrund der oben besprochenen physiologischen Verhältnisse eine vollkommene Synchronisaton der beiden Hemisphären vorliegen. Gleitet hingegen der mittlere Kreis in eine der beiden Grundfarben ab, ist das ein Zeichen für die Zunahme der Aktivität der diesem Kreis zugeordneten Gehirnhälfte.

Wenn Sie links den roten Kreis haben und rechts den blauen und der beim Schielen entstehende Kreis eine blaue Färbung annimmt, ist das ein Zeichen dafür, daß Sie in diesem Moment eher linkshirnig sind, weil Sie den blauen Kreis vor allem mit dem rechten Auge sehen, das mit der linken Hemisphäre in Kontakt steht. Umgekehrt sind Sie rechtslastig, wenn der mittlere Kreis zum Roten hin tendiert. Nur wenn der mittlere Kreis in absolut reinem Violett erstrahlt, laufen die beiden Gehirnhälften im Gleichtakt, so Herr Pennington.

Ich bin mir nicht ganz sicher, ob diese Theorie auch tatsächlich den gehirnphysiologischen Grundlagen entspricht, denn unsere Augen sind nicht nur mit der jeweils über Kreuz liegenden Hemisphäre verbunden, sondern auch mit der dahinterliegenden. Das würde bedeuten, daß Meldungen vom linken Auge sowohl in die rechte als auch

linke Hemisphäre eingehen, und umgekehrt. Ob man nun davon ausgehen kann, daß beide Hirnhälften in dem Moment, wo Violett erscheint, absolut synchron laufen, halte ich für noch weitestgehend ungeklärt. Sicher ist, daß durch den magischen Blick nach einiger Zeit eine tiefe Ruhe Einzug in die Gedanken hält, was einer vollständigen Aktivierung des in uns wohnenden Potentials so oder so sehr zuträglich ist – sei es nun durch die Synchronisation der Hemisphären oder anderswie …
Die Tafeln von Chartres sind trotz dieser theoretischen Überlegungen ein hervorragendes Meditationswerkzeug, und ich kann jedem nur empfehlen, mit ihnen zu experimentieren.

Für Sehzauberer

Experiment Nr. 17

Versuchen Sie beim Überlappen der Kreise, konvergent wie divergent, den Prozeß des eigentlichen Übereinanderziehens so genau wie möglich zu verfolgen, d.h., in möglichst kleine Schritte zu unterteilen.

Ich könnte mir vorstellen, daß Sie bei dieser Übung auf so manche Schwierigkeiten gestoßen sind. Unsere Augen haben die starke Tendenz, sich sofort an einem bestimmten Fixationspunkt festzuhalten; und gibt es schon keinen mehr in der zweiten Dimension, dann wenigstens in der dritten.
Bei den Stereogrammen selbst ist es verhältnismäßig schwer, mit dieser Übung zu arbeiten, da diese vor allem für das Ziel ausgelegt sind, nach dem Verschmelzen der beiden Teilinformationen ein bestimmtes Bild mit räumlicher Tiefe hervorzubringen. Der dabei ablaufende Prozeß spielt eine eher untergeordnete Rolle, weil die meisten Menschen heilfroh sind, haben sie den Einstieg in die 3. Dimension erst einmal gemeistert. Was interessiert dann noch der Prozeß?
Eine ganze Menge, wie ich meine. Gerade in den dabei entstehenden Zwischenstadien – Sie sind weder ganz in der einen noch in der anderen Welt – finden die erstaunlichsten Dinge statt.

Abgesehen davon trainieren wir die für gesundes Sehen erforderliche Fähigkeit der Akkommodation auf das allerfeinste.
Nach dieser Übung sind Sie ein wahrer Virtuose auf der Klaviatur Ihrer Augenmuskeln. Diese und die nächste Übung sind schon etwas für die eher fortgeschrittenen Sehzauberer unter Ihnen, da sie ein hohes Maß an Flexibilität im Umgang mit Ihren Augen verlangen. Und gerade das macht sie auch so interessant.

Experiment Nr. 18

Konvergieren bzw. divergieren Sie so, daß Sie statt der üblichen drei Kreise vier sehen, und verharren Sie an diesem Punkt. Was geschieht mit den beiden äußeren Kreisen? Achten Sie auf den Zwischenraum. Können Sie den Blick mühelos halten, dann dehnen Sie Ihre Aufmerksamkeit aus, bis in die äußerste Peripherie Ihres Sehsinnes. Denken Sie bei dieser Übung an das Atmen!
Spielen Sie mit dem Abstand der beiden mittleren Kreise, lassen Sie sie ein wenig überlappen, ziehen Sie sie auseinander oder verschmelzen Sie sie fast ganz, aber eben nur fast.

Wie Sie sicher bemerkt haben, erfordert dieser Gebrauch der Augen ein hohes Maß an Konzentration. Deshalb ist es auch so wichtig, daß Sie über dieser Anstrengung Ihren Atem nicht vergessen.

Sind Sie noch bei Sinnen?

So schlicht und einfach diese Kreise sind, so hervorragend sind sie für Experimente geeignet, bei denen die Cyberoptics zunächst einmal zuviel Ablenkung bieten würden. Gerade durch ihre Einfachheit bieten sie so viele Möglichkeiten bei der Grundlagenforschung. Sie sind gewissermaßen die Tonleitern, die einem wahren Maestro in Fleisch und Blut übergegangen sein müssen.

Hierzu ein abschließender Versuch:

Experiment Nr. 19

Überlappen Sie die beiden Kreise konvergent. Wandern Sie dann mit Ihrem Blick zu einem der äußeren Kreise, ohne den mittleren dabei aus der 3. Dimension entwischen zu lassen. Das funktioniert und führt zu ganz erstaunlichen Resultaten.

Im Zentrum des Zyklons

Das Problem ist, daß wir nicht damit zufrieden sind, Dinge zu sehen – wir fügen den Dingen, die wir sehen, die falsche Interpretation hinzu.

Harley Quin[3]

Don Juan zeigt Carlos Castaneda eine Übung, die der von uns gerade praktizierten fast aufs i-Tüpfelchen gleicht, außer daß er statt der Kreise zwei Kieselsteine verwendet. Carlos ist völlig fasziniert, als er den dritten Kiesel zum ersten Mal erblickt und gerät dabei in einen visionären Zustand von »unglaublicher Transparenz«. Im Augenblick, als seine Vision die intensivste Ausprägung anzunehmen beginnt, verdunkelt Don Juan mit seinem Schatten die Sonne, und die Wahrnehmung verschwindet.

Das ist für uns eine ganz entscheidende Stelle, wenn nicht der Schlüssel zum Verständnis des magischen Blicks in seiner spirituellen Dimension. Don Juan macht das nicht etwa, um Carlos zu ärgern, sondern ihn davor zu bewahren, sich in seiner Vision zu verlieren. Er meint, daß wir alle die Neigung besitzen, uns in solchen Momenten zu vergessen, und durch dieses Verlieren das eigentliche Nicht-Tun dieses Blicks wieder in unser althergebrachtes, kategorisierendes Tun verwandeln. Lassen Sie mich das ein wenig näher erläutern: Wir haben an mehreren Stellen gesehen, daß diese Art der Wahrnehmung einen Quantensprung für uns – die wir lernen, auf völlig neue Weise zu sehen, fernab der eingefahrenen Gleise unserer alltäglichen Wahrnehmungsgewohnheiten – bedeutet. Genau das ist es ja auch, was die Menschen am magischen Blick so fasziniert. Aus genau diesem Grund erobern die 3D-Bilder zur Zeit die Welt im Sturm.

Nun kann es aber auch, wie schon in alten Tagen, schnell wieder zur Gewohnheit werden, auf diese Art zu sehen; nämlich dann, wenn wir uns – wie Don Juan es formuliert – darin verlieren und im Laufe der Zeit beginnen, ähnliche Kategorien und Muster auf diese Art der

Wahrnehmung zu projizieren wie während des gewöhnlichen Schauens auch.

Dann haben wir das anfängliche Nicht-Tun – dieses Gefühl der Euphorie, hervorgerufen durch die Leere in unserem Geist, der reine Wahrnehmung ist – wieder in Tun verwandelt, und bald erscheint uns der magische Blick wie ein hübsches, aber unbedeutendes Spielzeug, das man ab und an aus der Ecke hervorkramt. Das ist die Art, wie unser Verstand funktioniert.

So haben wir gelernt zu sehen: schauen – kategorisieren – abhaken – Punkt.

Wir befinden uns mitten im Zentrum des Zyklons, um uns tobt das Universum und vibriert voll unbändiger Kraft und Energie in Myriaden möglicher Universen und geistiger Räume – und wir zucken mit den Schultern, gähnen ein wenig und fragen uns, ob das denn jetzt schon der ganze Film gewesen sein soll. In diesem Vorgang liegt trotz seiner Tragik auch eine gehörige Portion Klamauk. Alles ist da, alles liegt vor uns, in greifbarer Nähe, und wir suchen überall nach dem Schatz, nur nicht bei uns selbst, bei unseren SINNen.

Nun liegt darin aber auch eine ungeheure Chance. Die magischen Bilder in diesem Buch sind mächtig genug, um einen solchen Prozeß auch wieder umzukehren. Mit Hilfe der Bilder können wir wieder lernen, die Welt wie am ersten Tag zu sehen, indem wir den Vorgang des Kategorisierens *beobachten*. Und schließlich erzeugen *Sie* diese Kategorien und können folglich auch wieder damit aufhören. Daß das nicht innerhalb eines Tages passiert, ist selbstverständlich.

Hören wir zum Schluß noch einmal Pierre Derlon:

»Ich selbst brauchte vierzehn Jahre, um mit Hilfe täglicher Übungen jene Kraft des Blicks zu erlangen, die das bloße Sehen zum Überschreiten aller körperlich bedingter Grenzen wandelt. Du bewegst dich in einer Sphäre, in der du den Gedanken deines Nachbarn erkennst, ohne daß er ihn in Worte faßt.«[4]

Das dritte Auge in der meditativen Praxis

Unsere Zirbeldrüse ist eine im Verlauf der Evolution tief in unser Gehirn abgesunkene Variante des bei primitiven Wirbeltieren tatsächlich existierenden dritten Auges in der Mitte der Stirn. Ausgerechnet diese Zirbeldrüse hat eine zentrale Stellung bei der Regulation unserer Körperchemie inne. Außerdem erzeugt und empfängt sie offenbar sehr wichtige biophysikalische Impulse in Form von elektromagnetischen Feldern. Dieses Zyklopen-Auge übernimmt im traditionellen Chakrensystem als sogenanntes Ajna-Chakra die Funktion der Kommandozentrale.

Die flammende Perle

Das Verlangen und Trachten nach dem Ganzen heißt Liebe.

Plato

Nach allem, was wir bisher über diese Drüse in Erfahrung gebracht haben, ist es kein Wunder, wenn unsere Augen als Sitz des göttlichen Funkens angesehen werden, oder die Zirbeldrüse auch als »flammende Perle« bezeichnet wird. Die Meditation über eben diese Stelle in unserem Energie-System gilt als eine der mächtigsten spirituellen Techniken überhaupt. Wenn das Ajna-Chakra erst einmal in Aktion tritt, geschehen Dinge von ungeheurer Tragweite. Dieses Energiezentrum gilt weithin als Sitz einer ganzen Reihe von paranormalen Phänomenen wie Telepathie, Präkognition usw.

Wird das Stirn-Chakra durch entsprechende Meditationen erst einmal in Gang gebracht, kommt es zu Erleuchtungen ganz besonderer Art. Dinge, die unserer Einsicht bisher verschlossen waren, erstrahlen plötzlich im Glanze geistiger Klarheit. All unsere Bemühungen, während der Meditation hinter den Gedanken und Gefühlen den Beobachter ausfindig zu machen, zielen darauf ab, das »Auge der Weisheit« zu stimulieren und aktivieren. Das sechste Chakra dient diesem Beobachter gleichsam als Tempel.

Von den nun folgenden Techniken heißt es, daß Pythagoras sie aus dem Orient nach Griechenland mitbrachte und damit zum eigentlichen Schöpfer der gesamten westlichen Mystik wurde.[5]

Osho schreibt in seinem Buch *Meditation*, welches mich zu diesen

Übungen auch inspiriert hat, daß diese Methode zu den machtvoll-sten meditativen Verfahren überhaupt gezählt wird. Von Shiva, dem hinduistischen Gott des Lebens und des Todes, der Personifikation des Absoluten, ist der Ausspruch überliefert:
»Deine Aufmerksamkeit zwischen den Augenbrauen, laß den Geist vor den Gedanken sein.«
Die nun folgenden Übungen sind dazu gedacht, das dritte Auge lang-sam und behutsam zu öffnen. Wenn Sie bisher schon fleißig mit dem magischen Blick geübt haben, besitzen Sie ein solides Fundament, um all unsere Arbeit ihrer eigentlichen Bestimmung zuzuführen: der Öff-nung des inneren Auges – das Aktivieren des »Auges der Seele, mit dem allein man die Wahrheit sehen kann«. (Plato)

Experiment Nr. 20

Diese Übung haben wir in leicht abgewandelter Form schon durchge-führt, nur liegt diesesmal unsere Aufmerksamkeit auf einem ganz an-deren Schwerpunkt. Lassen Sie Ihre Augen kreisen, am besten im Uhr-zeigersinn. Rollen Sie sie in so großen Bahnen wie möglich, ohne sich dabei zu überanstrengen. Werden Sie, sobald Sie das bequem tun kön-nen, immer schneller und atmen Sie dabei ruhig und gleichmäßig.

Im Tiefschlaf

Diese Übung allein wird dem dritten Auge neue Energie zuführen.
Sie können sich das ungefähr so vorstellen: Vor Jahrtausenden ist dieses dritte Auge – wie bereits erwähnt – von der Oberfläche unse-res Kopfes hinabgesunken in die Tiefen des Gehirns, wo es sich jetzt im Dornröschenschlaf befindet und nur darauf wartet, daß ein junger, hübscher Prinz oder eine junge, hübsche Prinzessin wie SIE den Weg dorthin findet, um mit einem Kuß die schlafende Perle zu wecken und richtig in Fahrt zu bringen. Es genügt, wenn Sie damit beginnen, Ihre Aufmerksamkeit auf diese Stelle zu richten, denn die Zirbeldrü-se ist ein magnetisches Organ und zieht an Ihnen und Ihrer Aufmerk-samkeit wie ein Magnet an einem Stück Eisen. Und so wenig wie Ei-sen etwas tun muß, um von einem Magneten angezogen zu werden,

so wenig erfordert es unsere Anstrengung, in Kontakt mit dem dritten Auge zu gelangen. Wir müssen uns dazu nur in seine Nähe begeben, und schnurstracks werden wir unaufhaltsam in seinen Einflußbereich hineingezogen. Die alten Tantraschriften behaupten, daß unsere Aufmerksamkeit richtiggehend Nahrung für die Zirbeldrüse ist und sie mit sofortiger Aktivität auf diese Zuwendung reagiert.

Experiment Nr. 21

Setzen Sie sich aufrecht, aber bequem, hin und schließen Sie Ihre Augen; schauen Sie dann so, als wollten Sie die Stelle über Ihrer Nasenwurzel sehen. Experimentieren Sie ein bißchen damit, bis Sie das Gefühl haben, die »richtige« Stelle gefunden zu haben. In dieser Haltung werden Sie es sehr leicht finden, Kontakt zu Ihrem Beobachter aufzunehmen und Ihre Gedanken und Gefühle aus der Vogelperspektive zu betrachten.

Sie *haben* diese Gedanken, Sie *sind* sie aber nicht. Sie sind viel mehr, viel, viel mehr als Ihre Gedanken und Gefühle, bloß läßt sich diese Tatsache nur sehr schwer in geeignete Worte fassen.

Das dritte Auge *ist* der Beobachter. Lenken Sie nun Ihre Aufmerksamkeit auf diesen Punkt, wird es ganz leicht passieren, daß Sie auf einmal das *Sie* hinter all dem Tohuwabohu Ihres Verstandes wahrnehmen können. Und es wird eine große Erleichterung sein. Dann wird Platz für die unermeßliche Intelligenz, die Sie sind.

»Tat twam asi – Das bist Du.«

Die Lücke zum Durchbruch

Wir haben *zwei* Augen, die in ihrem Zusammenspiel die Dualität, die Zweiheit der Welt erscheinen lassen. Unser drittes Auge verschmelzt diese beiden voneinander getrennten Bilder und führt uns zur *Ein*sicht. Mit seiner Hilfe gelangen wir in die Lücke der Gedanken, in die Lücke, die reine Wahrnehmung ist.

Durch das wundervolle Zusammenwirken unserer beiden Augen beim Aufbau eines magischen Bildes überwinden wir die vorher getrennten Teilinformationen und führen sie zu einer Einheit, die größer ist, tiefer, leuchtender als es die beiden Einzelbilder waren. In unserer herkömmlichen Art zu sehen ist die daraus resultierende dualistische Weltanschauung auf die tief-sinn-igste Weise symbolisiert.

Wenden wir hingegen den meditativen, weichen Blick an, überwinden wir diese Trennung und gelangen zur Einheit. Sobald wir beginnen, uns dem dritten Auge zuzuwenden, setzt seine ganze Anziehungskraft ein und schlägt uns in seinen Bann.

Probieren Sie es: Führen Sie die oben beschriebenen Übungen aus, und *fühlen* Sie diesen Magneten in Ihrem Gehirn, der Sie unwiderstehlich an sich zieht. Sie müssen nichts tun, nur loslassen, der Rest geschieht ohne Ihr Zutun.

Mit diesen letzten Übungen werfen wir unser Werkzeug, die magischen Bilder, gewissermaßen über Bord: Wir sind an einem Punkt angelangt, an dem wir keine äußeren Hilfsmittel mehr benötigen, wohlwissend, daß alle Techniken immer nur Mittel zum Zweck sind, die – hat man die Methoden erst gemeistert – getrost wieder vergessen werden können. Sie brauchen sie dann nicht mehr. Behalten Sie die Karten, verschenken Sie sie oder verbrennen Sie sie. Worum es geht, sind Sie und Ihre Augen, diese wundersamen Boten des Lichts.

Es geht darum, unsere einseitige Vorstellung davon zu überzeugen, daß unsere Augen frei sind und wirkliche Fenster sein können.

Die Augen können die Fenster sein, die die Langeweile durchdringen und einen Blick auf die Unendlichkeit werfen.

Don Juan zu
Carlos Castandeda[6]

Experiment Nr. 22

 Schauen Sie auf Ihre Nasenspitze. Das ist konvergentes Sehen in seiner extremsten Ausprägung. Wenn Ihnen dabei komisch oder unwohl wird, machen Sie die Übung ein anderes Mal. Sie wird Ihnen nicht davonlaufen, und unser Körper weiß sehr gut, was gerade angesagt ist und was nicht. Vertrauen Sie seiner Weisheit.

Fühlen Sie sich bequem mit diesem Blick, dann vermeiden Sie folgenden Fehler: Sie schauen zwar Ihre Nasenspitze an, doch ist die nur die Brücke zur eigentlichen Intention dieser Übung. Es geht nämlich um die »flammende Perle« inmitten Ihrer Stirn, und auf *sie* sollten Sie Ihre Aufmerksamkeit richten, wenngleich Sie die Nasenspitze als Fixationspunkt haben.

Sie werden feststellen, daß Sie manchmal eher den rechten und dann wieder mehr den linken Nasenflügel im Blickfeld haben. Versuchen

*Klarheit, Einsicht und Verstehen
sind nur möglich, wenn das
Denken in der Schwebe, wenn
der Geist ruhig ist. Nur dann
siehst du klar, nur dann kannst
du sagen, du hast wirklich
verstanden ... dann nimmst du
unmittelbar wahr, denn dein
Geist ist nicht mehr verwirrt.
Um klar zu sein, muß der Geist
vollkommen ruhig werden,
vollkommen unbeweglich, dann
beginnt wirkliches Verstehen,
und deshalb ist Verstehen Handeln. Umgekehrt geht es nicht.*

J. Krishnamurti[7]

Sie dennoch, wie schon beim violetten Kreis der Tafeln von Chartres, Ihre Nase von beiden Seiten zu sehen; denn da liegt unsere Eingangs- tür, die Pforte zur Wahrnehmung, das Fenster zum »Nichts«. Am be- sten ist es, für diese Übung die Augen halbgeöffnet zu haben, um so ein Gleichgewicht der von außen einströmenden Dinge und der von in- nen aufsteigenden Energien zu halten. Viele spirituellen Disziplinen, wie z.B. der Zen-Buddhismus, legen großen Wert auf diese Ausgewo- genheit während der Meditation.

Zeuge sein

Wenn Sie sich nun ruhig und bequem fühlen und vermutlich schon ganz schön »in space« sind, fangen Sie an zu BEOBACHTEN; seien Sie Zeuge, beobachten Sie, es gibt nichts zu tun, nichts zu lassen, nur zu beobachten. *Es* ist ganz einfach. Es *ist* ganz einfach. Es ist *ganz* einfach. Es ist ganz *einfach*.
Entdecken Sie die Lücke zwischen Ihren Gedanken und vergrößern Sie diese allmählich; Sie müssen das nicht *tun*, verstehen Sie, son- dern es geschehen lassen. Nicht-Denken. Nicht-Tun. Tun im Nicht- Tun. Nur diese Lücke, diese *Lücke*, diese L-Ü-C-K-E ...
ein Gedanke kommt und geht wieder und dazwischen diese Lücke, das bist Du!
Diese Übung ist die letzte in diesem Buch und gleichzeitig der Kern aller vorausgegangenen Experimente. Wenn Sie so wollen, ist sie die Quintessenz des ganzen Buches. Alle anderen Meditationen sind letztlich nur Ableger dieser *einen*, wie alles von diesem Einen ab- stammt, alles dieses Eine ist. Deswegen sind auch alle anderen Übungen genauso wichtig wie diese eine, weil sie zu ihr hinführen, sie umkreisen, sie sind, bis die Zeit gekommen ist für den *Durch- bruch*.

Kapitel 7

Die spirituellen Dimensionen des magischen Sehens

Einführung

In vielen mystischen und religiösen Traditionen liegt ein Hauptaugenmerk auf der Praxis der Meditation. Unser Verstand, respektive unsere Gedanken, Gefühle, Glaubenssätze und geistigen Haltungen, werden als Barriere angesehen, die uns von der unmittelbaren Erfahrung der Wirklichkeit in ihrem So-sein trennen. Meditation ist das Mittel und das Werkzeug, um diesen Schleier zu lüften; vielleicht, um anfangs nur kleine Blicke hinter den Vorhang werfen zu können, doch später immer umfassendere Einsichten in das auf dieser Bühne spielende Stück zu gewinnen.

Gewahrsein

Die verschiedenen spirituellen Schulen bedienen sich einer ganzen Menge unterschiedlicher Bezeichnungen, um ein und denselben Sachverhalt darzustellen: Kontemplation, Konzentration, Abschalten des inneren Dialogs, den Zeugen herausbilden etc. Die Grundessenz dieser dem Namen nach verschiedenen Methoden läßt sich jedoch in einem klaren und einfachen Grundgedanken so formulieren: In der Meditation versuche ich ein immer größeres Gewahrsein dessen was *ist*, in mir und außerhalb von mir, zu erlangen, und zwar ohne diesen Beobachtungen etwas hinzuzufügen oder etwas wegzunehmen, sondern die Wirklichkeit unkommentiert und ohne Bewertungen einfach *sein* lassen, wie sie sich einem klaren und offenen Geist zeigen will. Und tauchen doch Urteile in meinem Bewußtsein auf, bewerte ich selbst diese nicht, sondern betrachte sie als das, was sie letzten Endes sind: gedankliche Energie, die, läßt man sie ihrer Wege ziehen, sich wieder mit der ursprünglichen Quelle unseres Geistes vereinigen wird.

Wir erschaffen die Trennlinien zwischen uns und der Wirklichkeit ständig neu, indem wir alles, was uns widerfährt, mit Urteilen belegen: »Das läuft mir gut rein, das ärgert mich, das möchte ich haben, das darf nicht sein, das ist schlecht«, und so geht das am laufenden Band.

Der Beobachter

In der Meditation geht es um die Entwicklung des Beobachters, dem alles gleich-gültig ist, der nichts bewertet, nichts ausklammert und nichts ergänzt, wo nichts ist. Dieses Gewahrsein existiert jenseits unserer Wertvorstellungen und Urteile; dieses Gewahrsein *hat* einen Körper, *hat* Gefühle und Gedanken, aber *ist* all das nicht. Es ist weit umfassender als alle unseren begrenzten Vorstellungen von uns selbst, die wir durch unsere Sprache und das zwanghafte Bestreben, alles in Worte zu kleiden, nur immer wieder aufs neue erschaffen. In dem Moment, in dem unser Verstand aufhört, mittels Gedanken und Sprache unsere Illusion der Getrenntheit wieder und wieder ins Leben zu rufen, wird der Blick frei für Wesen-tliches, für die hinter den Erscheinungen liegenden Prinzipien.

Uns soll es in diesem Kapitel vor allem darum gehen, mit Hilfe des magischen Sehens, und sei es zunächst nur für den Bruchteil eines AugenBlicks, die von unserem Verstand errichteten Grenzen zu durchstoßen, auf daß die Wasser des Lebens in uns erneut zu fließen beginnen. Die 3D-Bilder sind dazu, wie wir noch sehen werden, ganz hervorragende Hilfsmittel.

Das Anhalten des inneren Dialogs

Eines der zentralen Anliegen eines Menschen, der zu unmittelbarer Wahrnehmung gelangen will, muß es sein, den immerwährenden inneren Dialog in seinem Kopf zum Verstummen zu bringen. Wir erschaffen unsere Welt ständig durch das fortlaufende Gebrabbel in unserem Gehirn, das sich wie ein betrunkener Affe ständig im Kreise dreht und dabei wie verrückt geworden vor sich hinlallt. Doch dürfen wir den immensen Einfluß dieses Affen auf unser Leben nicht unterschätzen. Es ist gerade dieser monotone Singsang, der unsere Realität so kreiert, wie wir sie wahrzunehmen gewohnt sind. Sie könnten bei entsprechend geschulter Aufmerksamkeit alle die Sie umgebenden Dinge und Ereignisse als Vorinszenierung in Ihren Gedanken auffinden. Deshalb sagte Buddha auch: »Alles, was wir sind, ist das Resultat dessen, was wir gedacht haben. Unsere Existenz gründet auf Gedanken. Sie basiert auf dem, was wir denken.«

Sufi sein bedeutet, den Kopf von allem leer machen – von eingebildeten Wahrheiten, Vorurteilen, Bedingungen – und kommen lassen, was kommt.

Abu Said[1]

Sie erschaffen Ihre eigene Wahrnehmung der Welt, Sie sind der Schöpfer Ihrer Realität, nur daß dieser Vorgang zum Teil völlig unbewußt und aus einer Mischung von halbbewußten Gedanken, längst vergessenen Gefühlen und den daraus abgeleiteten Wertvorstellungen geschieht. So sind Sie nun kreativer Urheber Ihrer Welt und wissen vielleicht gar nicht so genau, was da eigentlich vor sich geht. Und zu allem Überfluß streitet unser Verstand jede wie auch immer geartete Verantwortung für Dinge ab, die einmal nicht so glatt laufen.

Don Juan drückt es Carlos Castaneda gegenüber so aus: »Sobald der innere Dialog aufhört, bricht die Welt zusammen, und außerordentliche Seiten unseres Selbst werden sichtbar, als wären sie bis dahin von unseren Worten streng bewacht worden. Du bist wie du bist, weil du dir sagst, daß du so bist.«[2]

Ich denke, viel besser kann man diese Zusammenhänge in Worten gar nicht zum Ausdruck bringen. Alles von uns Wahrgenommene ist nur eine von uns selbst erzeugte Beschreibung der Welt, die mitunter sehr wenig mit der dahinterliegenden Wirklichkeit zu tun hat. Wir erschaffen durch unseren Glauben winzige Aussichtsfenster auf die Wirklichkeit und halten diesen begrenzten Ausschnitt für die objektive Realität.

In einem sich ständig wiederholenden Ablauf aus eintreffenden Sinneswahrnehmungen und daraus resultierenden Wahrnehmungsinterpretationen erzeugen wir eine Welt, die wir so gut wie nie in Frage stellen, da sie uns von Kindesbeinen an ständig eingetrichtert wurde: so lange, bis wir die Landkarte für das Territorium selbst hielten.

Mit den Übungen in diesem Kapitel kann es uns gelingen, zunächst einmal sensibel für die Beschreibungen der Welt zu werden, die in unseren Köpfen stattfinden, um so überhaupt ein Gespür für diese Zusammenhänge zu entwickeln.

Als nächsten Schritt unternehmen wir den Versuch, in die Lücke des Verstandes vorzustoßen, dorthin, wo ein Gedanke aufhört und der nächste noch nicht begonnen hat. Ganz ähnlich verhält es sich beim Ein- und Ausatmen: Zwischen den beiden Atemzügen liegt eine Lücke, in der der Atem für einen kurzen Moment stillsteht. Diese Lücke und die Pause zwischen den Gedanken sind ihrer Natur nach identisch.

Wir werden versuchen, diese Lücke Schritt für Schritt allmählich auszudehnen und damit den inneren Dialog für immer größere Zeitspannen stillzulegen. Doch dazu später mehr.

Stille im Gehirn

Als Sie das erste Mal ein 3D-Bild in all seiner Brillanz und Transparenz erblickt haben, waren Sie sicherlich überrascht und fasziniert, wenn nicht gar völlig überwältigt (wie es mir ergangen ist). In just diesem Augenblick waren Sie gedankenlos, im wahrsten Sinne des Wortes, ohne ein sprachliches Konzept für die sich Ihren Augen darbietende Schönheit. Sie hatten dabei en passant und völlig unbeabsichtigt eine kurze Lücke in Ihrem Gedankenstrom aufgetan, und wenn es Ihnen dabei so erging wie mir, reagierte Ihr Körper darauf ein wenig ekstatisch und euphorisch. In vielen Meditationsschulen wird von einem unmittelbaren Energieschub berichtet, falls es zu einem Einhalten der Gedankenflut unseres Verstandes kommt – als hätten die kosmischen Lebensenergien nur auf diesen Moment gewartet, um endlich eine Möglichkeit zu finden, ihre Kraft und Lebendigkeit zum Tragen zu bringen!

Jiddu Krishnamurti beschreibt diesen Zustand mit den folgenden Worten: »Die vollkommene Stille des Gehirns ist etwas Außerordentliches; es ist höchst empfänglich, energiegeladen, lebendig, jeder äußeren Bewegung gewahr, aber vollkommen still. Es ist ebenso still wie rückhaltlos offen, ohne Behinderung, ohne irgendwelche heimlichen Wünsche und Absichten. Es ist sogar ohne ein Zentrum, ohne eine Grenze.«[3]

Wenn Sie nun öfter in die 3D-Bilder hineingeschaut haben, dürfte in etwa folgendes passiert sein: Im Laufe der Zeit haben Sie auch dieser anfänglich noch so verzaubernden Erfahrung allmählich Ihre alten Wahrnehmungsmuster übergestreift, und trotz einer gewissen Restfaszination war der erste Lack ab. Sehen Sie, das ist die Art, wie unser Verstand funktioniert: Kaum tun sich neue Fenster zu anderen Wahrnehmungsbereichen auf, stülpt er diesen Erfahrungen alte Muster und abgestandene Formen über, auf daß dann doch wieder alles wie gewohnt seinen Gang geht. Unser Verstand mag Neuerungen nun mal nicht so gern. Um offen zu sein, er haßt sie. Es gibt nichts, was unserem Verstand suspekter ist als die chaotischen und stetig sich wandelnden Prozesse des unbändigen Lebens; und so versucht er alles, um diesen Dingen Einhalt zu gebieten. Unser Verstand erschafft uns so vermeintliche Sicherheit und übt damit innerhalb seiner Grenzen auch eine wichtige Funktion in unserem Leben aus. Unsere Ratio hat die Neigung, sich selbst zu wichtig zu nehmen, und der Preis, den wir dafür bezahlen, ist immens: Es kostet uns ein gerüttelt Maß an Lebendigkeit und Lebensfreude. Das ist mit dem Ausspruch: »Selig sind die geistig Armen« gemeint – nicht, daß man dumm sein müßte, um dem Leben nahezustehen und aus seiner unerschöpflichen Quelle trinken zu können. Aber ein leerer Geist findet den Anschluß an das Leben viel eher als ein ruheloser, von einem Gedanken zum nächsten hastender Intellekt.

Wenn Sie einen gut funktionierenden Verstand haben, gebrauchen Sie ihn, und freuen Sie sich über diese Gabe. Er ist ein Geschenk des Universums. Nur lassen Sie sich von ihm um Himmels willen nicht an der Nase herumführen. Mit seiner Hilfe allein werden Sie die Wirklichkeit niemals direkt erfahren, sondern sich nur immer weiter von ihr entfernen. Sie können mit Bewußtsein nicht an Bewußtsein arbeiten, ohne dabei ein heilloses Durcheinander anzurichten. Heilung entsteht dann, wenn unser tobender, ruheloser, wütender, irrer, sentimentaler, zynischer, selbstmitleidiger, hilfloser, stolzer, begehrender, scharfer, analysierender, stechender, strukturierender, verachtender, überheblicher, ängstlicher, zweifelnder, verurteilender, ruchloser, bemitleidenswerter Verstand zur Ruhe kommt und die schon immer in Ihnen angelegten Selbstheilungskräfte endlich Zeit, Platz und Raum zu ihrem Wirken haben.

Wie es Lao-tse formuliert hat: »Beständiges Nichtbegehren führt zum Sehen des Geheimnisses. Beständiges Begehren führt zum Sehen der Erscheinungen.«[4]

Der periphere Blick – eine Offenbarung

Nun sind im Laufe der Menscheitsgeschichte unzählige Techniken verwendet worden, um diesen »Beobachter«, von dem wir vorhin gehört haben, zu kultivieren. Eine davon, für uns besonders von Interesse, ist die Methode des »weichen Blicks«, wie sie unter anderem auch Don Juan den Carlos Castaneda gelehrt hat.

Wenn Sie im Verlaufe dieses Buches schon ein wenig mit dem magischen Blick experimentiert haben, dürfte Ihnen die Praxis des weichen Blicks an und für sich keine großen Schwierigkeiten bereiten. Ohne den Blick auf etwas Bestimmtes zu richten, betrachten Sie dabei Ihre *gesamte* Umgebung und nicht wie sonst nur einen kleinen Teilbereich daraus. Sie können dabei ein wenig konvergent schauen, aber das Wesentliche dabei ist, Ihren Blick tatsächlich weich und rezeptiv zu machen, d.h., Ihre Aufmerksamkeit über das Zentrum Ihres Blickfeldes hinaus bis in die Peripherie Ihrer optischen Wahrnehmung auszudehnen.

Don Juan ist sogar der Ansicht, diese Übung sei das einzige Mittel, um den inneren Dialog zum Verstummen zu bringen. Ich teile diese Meinung zwar nicht, halte den weichen Blick aber dennoch für eine ausgezeichnete Methode, um das unablässige Rauschen in unseren Köpfen zu entstören. Hierzu folgende Übung:

Experiment Nr. 23

Beobachten Sie eine Zeitlang Ihren Gedankenstrom. Nehmen Sie dann eine beliebige Tafel zur Hand und fassen Sie sie konvergent ins Auge. Registrieren Sie den qualitativen Unterschied Ihrer Gedanken im Vergleich zum Beginn der Übung. Versuchen Sie dann nicht nur das magische Bild im Blick zu behalten, sondern fangen Sie an, Ihre Aufmerksamkeit über das Bild hinaus auszudehnen, aber ohne dabei die 3. Dimension zu verlassen. Wenn Sie Ihre gesamte Umgebung im Blick haben, beobachten Sie wieder, welchen Effekt das auf die Abläufe in Ihrem Kopf hat.

Don Juan sagt zu Carlos Castaneda, daß es möglich sei, die periphere Wahrnehmung im Laufe der Zeit immer weiter auszubauen und bis zu einem Punkt zu steigern, an dem es möglich ist, beinahe alles gleichzeitig zu erfassen, was in einem Winkel von 180 Grad vor einem liegt.[5] An diesem Punkt angelangt, müssten Sie immer mal wieder für kurze Augenblicke das Gefühl haben, daß es still in Ihnen wird. Vielleicht ertappen Sie sich sogar bei einem Gedanken wie diesem: »Mensch, prima, ich habe ja aufgehört zu denken!« Immerhin, ein Zeichen des Fortschritts. Wenn Sie eine gewisse Vertrautheit mit dieser Übung erreicht haben, können Sie sogar damit beginnen, die Weichheit Ihrer Wahrnehmung auch auf Ihre anderen Sinne auszudehnen. Das erfordert allerdings schon ein gehöriges Maß an Übung. Und seien Sie versichert: Allein der weiche Blick wird schon zu wirklich beeindruckenden Erlebnissen führen. Allerdings – ein bißchen Zeit und Geduld müssen Sie schon mitbringen. Aber Instant-Erleuchtung interessiert uns ja auch nicht, oder? Der Weg ist das Ziel.
Den Grundgedanken der oben beschriebenen Übung können Sie zu jeder Zeit problemlos in Ihren Alltag integrieren, und das sollte doch das Ziel einer jeden verantwortlichen spirituellen Praxis sein: Nicht losgelöst von unserem normalen Leben ein separates, exklusives Dasein zu führen, sondern Bestandteil unserer täglichen Arbeit zu sein. Versuchen Sie so oft wie möglich, Ihren Blick willentlich zu entschärfen und ihm diese gewisse Weichheit zu verleihen, und Sie werden schon nach wenigen Augenblicken spüren, wie das Ihre Wahrnehmung einer Situation fundamental beeinflußt und Ihnen ein Gefühl

Denk daran, die Welt erschließt sich uns nicht unmittelbar! Dazwischen steht die Beschreibung der Welt. Genaugenommen sind wir also stets einen Schritt weit von ihr entfernt, und unsere Erfahrung der Welt ist stets eine Erinnerung an die Erfahrung. Immerfort erinnern wir uns an den Augenblick, der soeben geschehen und vorüber ist. Wir erinnern, · erinnern, erinnern uns.

Don Juan[6]

des Überblicks gibt und die Freiheit, selbst auf herausfordernde Angelegenheiten ruhig und gelassen zu reagieren. So einfach diese Technik klingt, so machtvoll ist sie in ihren Auswirkungen auf Ihr gesamtes Leben. Ich bin davon überzeugt, daß die Übung des weichen Blicks für die meisten Menschen eine echte und vor allem unmittelbare Bewußtseinserweiterung darstellt, und zwar in ihrer ursprünglichen Wortbedeutung. Da Wirklichkeit für jeden von uns immer nur das sein kann, was er auch wahrzunehmen gelernt hat, wird sich mit einer erweiterten Wahrnehmung sofort auch die Qualität dieser Wirklichkeit verändern. Sie wissen ja: Unsere Sicht der Realität wird maßgeblich durch die Art unseres Sehens beeinflußt.

Als ich zum ersten Mal vom weichen bzw. peripheren Blick hörte, war es wie eine Offenbarung. Ich stellte fest, daß ich tatsächlich die meiste Zeit damit verbrachte, nur ganz bestimmte Teilaspekte der mich umgebenden Wirklichkeit zu registrieren und den Rest buchstäblich auszulöschen. Mein Blick griff sich eine bestimmte Sache heraus, analysierte diese, ohne jedoch auf den Gesamtzusammenhang zu achten. In dieser Angewohnheit findet die Geisteshaltung vieler Menschen der westlichen Hemisphäre einen unmittelbaren Ausdruck: Wir sind darin geschult, Dinge und auch Menschen zu sezieren und in immer kleinere Details aufzuspalten und verlieren uns dabei nur zu häufig in Nebensächlichkeiten. Wir sehen zwar dann viel schärfer und mit dem Verstand, doch geht uns dabei das Gefühl für größere Bedeutungszusammenhänge verloren, für die Art und Weise, wie die Dinge miteinander verknüpft sind. Ich denke es ist nicht verfehlt zu behaupten, daß das Problem unserer Kultur seinen Wurzeln nach vor allem ein Problem der Wahrnehmung ist.

Die Weisheit der Sprache

Ganz anders da der weiche Blick: Man sieht mittels dieser Methode zwar kein Objekt besonders scharf, behält aber einen im wahrsten Sinne des Wortes sehr großen Über-Blick! In diesem einen Wort verdichtet sich eigentlich unser ganzes Anliegen: Jemand, der Überblick besitzt, d.h. die Dinge in ihrem gesamten Kontext sehen kann und folglich überlegen handelt, schaut gleichsam über die Dinge hinweg, faßt nichts Spezielles ins Auge, behält aber alles im Überblick. Die gleiche gedankliche Quintessenz findet sich auch in dem Wort Durch-Blick wieder. Das gleiche Spiel: Ein Mensch mit Durchblick schaut durch die Dinge hindurch, durchblickt sie und weiß eigentlich gar nicht so genau, warum. Es ist nicht der analytische Verstand, der eine bestimmte Angelegenheit unter die sprichwörtliche Lupe (das ganze Gegenteil des weichen Blicks) genommen hat, sondern eine Intelligenz, die sich erst dann bemerkbar macht, wenn das Gezeter des Verstandes Mittagspause hat. Wir sprechen auch von Situationen, die uns durchsichtig geworden sind; nämlich dann, wenn es uns gelingt, den Blick von der Oberfläche der Dinge abzuwenden, hin zu tieferen Dimensionen der Ein-sicht.

Mit den Augen des Herzens sehen

Nach einer gewissen Zeit der Übung mit dem peripheren Blick wird Ihnen klar werden, wie umfassend diese an und für sich doch recht kleine Verschiebung des Aufmerksamkeitsfokus Ihre gesamte Wahrnehmung und Ihr Gewahrsein der Welt bereichern kann. Die wirklich großen Dinge sind letzten Endes doch immer ganz schlicht und einfach. Lernen Sie mit Ihrem Herzen zu sehen. Ihr Herz kennt keine komplizierten Berechnungen und Analysen; die Wahrheit des Herzens ist unkompliziert, und viele Verwirrungen werden sich in Ihnen auflösen, wenn der Verstand, der für so manche Konfusion der Urheber war, erst mal zur Ruhe kommt. Direkt mit der Praxis des weichen Blicks geht eine spürbare Verlangsamung der inneren Selbstgespräche einher, bis sie zeitweilig völlig verstummen. In diesen Momenten erscheint uns die Welt magisch, voller Wunder und Zauberei, und es wird uns bewußt, daß sie das die ganze Zeit über schon war und wir uns nur von ihr entfremdet haben, und nicht umgekehrt.
Auch körperlich werden Sie einige signifikante Veränderungen wahrnehmen können. So kommt es zur spürbaren Entspannung der Glieder, der Atem kehrt ins Hara, das Bauchzentrum ein – wenn Sie vor lauter Aufregung nicht vergessen, Luft zu holen!

Heilung entsteht nur aus dem, was den Patienten über sich selbst und über seine Verwicklungen mit dem Ich hinausführt.

C. G. Jung[7]

TranceFormation

»Alles wird daraufhin ein wenig ruhiger und langsamer, und während du dich in diesem angenehmen Zustand befindest, kann dein Unbewußtes beginnen, Lösungsmöglichkeiten für eine bestimmte Sache zu entwickeln, die dich gerade im Moment besonders beschäftigt ... und du weißt, daß es dabei auf all deine Fähigkeiten und Erfahrungen zurückgreifen kann, die du bisher in deinem Leben gemacht hast ... während du selbst vielleicht sehr überrascht davon bist, wie leicht das geschehen *kann*st du immer größeres Vertrauen in diesen Prozeß entwickeln ... und ich frage mich, ob du schon heute deine neu erworbenen Fähigkeiten einsetzen wirst. Dazu möchtest du vielleicht stärker mit der Quelle deiner Energie in Kontakt kommen, *jetzt!* Je mehr du von diesen Zeilen liest, desto tiefer kann sich dieser angenehme Zustand in deinem Körper ausbreiten ... und etwas in dir bewirkt, daß du diese Erfahrungen ganz natürlich integrieren kannst ... und es ist völlig in Ordnung, wenn du noch ein wenig zweifelst, bevor du dir erlaubst, diese Worte tief, ganz tief und immer tiefer in deinen Geist hineinfließen zu lassen ... und nun läßt du immer mehr los ... Wer weiß schon genau, ob diese Zeilen nicht dein ganzes Leben positiv verändern werden? Du brauchst gar keine Anstrengungen zu machen, um mit diesem wertvollen Teil in dir in Berührung zu kommen, denn auf einer gewissen Ebene weißt du vielleicht schon, daß du Ressourcen in dir trägst, an die du bisher noch nicht einmal gedacht hast ... Es ist bemerkenswert, wie leicht du in diese Trance gehen kannst ... und du kannst dir erlauben, diesen angenehmen Zustand weiter zu vertiefen ... *jetzt!* Glücklicherweise ist es gar nicht notwendig, über all diese Dinge nachzudenken, denn du wirst merken, wie spielerisch du neue Verhaltensmuster entwickeln kannst ... oder kannst du es nicht? Ich möchte gar nicht, daß du jetzt schon herausfindest, wie einfach es im Grunde genommen ist, tiefer ... noch tiefer ... in diesen angenehmen Zustand zu gleiten, dahin, wo du dich ganz und sicher fühlst ... und während du diese Worte liest, kannst du eine bestimmte Situation mit völlig anderen Augen sehen, und wenn du erst einmal deine Stärken erkannt hast, dann wirst du ganz neue Möglichkeiten für dich entdecken ... und jeder Gedanke von dir kann dazu führen, daß dein Vertrauen in dich selbst immer größer wird ..., und während dieser Prozeß allmählich seinen Abschluß findet, kannst du langsam aus dieser Trance zurückkehren, hierher, an diesen Ort, in deinen Körper, ... wenn du bereit dazu bist.«

Transformation im Spiegel der Sprache

Und es funktioniert wirklich immer und ganz leicht. Sobald Sie anfangen, Ihren Blickwinkel zu erweitern und Ihre Augen weich einzustellen, tritt der Verstand einen Schritt zur Seite, fast so, als hätte er auf eine diesbezügliche Gelegenheit schon lange gewartet. Die Art unseres Sehens und die Arbeitsweise unseres Verstandes sind auf das untrennbarste miteinander verknüpft. Viele Kognitionswissenschaftler betrachten inzwischen Wahrnehmung als direktes Ergebnis unserer Sprache. Anders ausgedrückt ist Wahrnehmung immer auch ein Prozeß des Aufstellens und Überprüfens von Hypothesen bezüglich des von den Augen ans Gehirn weitergeleiteten Inputs. Diesen Vorgang haben wir ja schon im Kapitel über die physiologischen Grundlagen des Sehens näher erläutert. Doch hier geht es uns direkt um die Implikationen dieser Wirkungsweisen. Wenn unsere Sprache und damit unser Verstand so unmittelbar an der Konstruktion der von uns wahrgenommen Wirklichkeit beteiligt sind, welche Konsequenzen zieht das im Falle einer Auszeit unseres Verstandes nach sich? Wir können darüber nur theoretische Vermutungen anstellen, und ob diese uns bei dieser Problematik einen guten Dienst erweisen können, wage ich zu bezweifeln. Unser Verstand ist ohne Unterlaß damit beschäftigt, das Konstrukt zu erschaffen, das wir »Ich« nennen. Dieses Ich übt dann auch ständig einen mehr oder weniger stark verzerrenden Einfluß auf unsere Wahrnehmung aus. Wir können dann nur das erfassen, was unser Verstand durchgehen läßt, und nicht das, was tatsächlich *ist*. Über diese Dinge zu schreiben ist ein schwierig Ding und fast so, als würde man schreiben: Über diese Dinge zu schreiben ist ein schwierig Ding und fast so als würde man schreiben: Über diese Dinge zu schreiben ...
Diese Dinge müssen erfahren werden, so wie dieses Buch nicht gele-

sen, sondern »gegessen« werden soll. Nur bei theoretischen Ausführungen stehenzubleiben, seien sie auch noch so faszinierend und
schlüssig, bringt uns keinen Deut weiter; wir drehen uns dann immer
nur im Kreis, der ja von unserem Verstand selbst erschaffen wird –
was rede ich: der unser Verstand *ist*.
Die folgenden Worte von Pierre Derlon beschreiben diese Erfahrung
sehr schön:
»Wenn man diesen Zustand erreicht hat, entschwindet jede Erinnerung an die vorangegangenen Anstrengungen, und nur der wunder-
bare Augenblick zählt, in dem das eigene ›Ich‹ mit dem des Anderen
verschmilzt.«[8]

Vom Schauen und Sehen

Don Juan, unser Yaqui-Indianer, spricht von zwei unterschiedlichen
Möglichkeiten der optischen Wahrnehmung und differenziert dabei
zwischen bloßem Schauen und dem tiefreichenderen Sehen. So ent-
spinnt sich zwischen ihm und Carlos der folgende Dialog:
»Meine Vorliebe ist das *Sehen*«, sagte er.
»Was meinst du damit?«
»Ich möchte *sehen*«, sagte er, »weil ein Wissender nur durch das
Sehen etwas wissen kann.«
»Und was *siehst* Du?«
»Alles mögliche.«
»Aber auch ich sehe alles mögliche und bin dennoch
kein Wissender.«
»Nein, du *siehst* nicht.«
»Ich glaube wohl.«
»Ich sage Dir, Du *siehst* nicht.«
»Was veranlaßt dich, das zu behaupten, Don Juan?«
»Du siehst nur die Oberfläche der Dinge.«[9]
Es besteht wohl ein erheblicher Unterschied zwischen der Art, wie
wir die Welt normalerweise zu betrachten gewohnt sind, und der
Möglichkeit, die Welt so zu sehen, wie sie *ist*.
Die meiste Zeit über funktioniert unsere Wahrnehmung wie ein gi-
gantischer Selektionsprozeß; die von der Netzhaut eingehenden In-

formationen werden mit den von uns schon gespeicherten Gedächt-nisinhalten verglichen; kaum ist eine Übereinstimmung oder Ähn-lichkeit mit schon bekannten Sachverhalten gefunden, haken wir die ganze Angelegenheit ab und eilen zum nächsten Objekt, das unsere Wahrnehmung durchstreift. Wir haben dabei nur leider von der Natur des von uns betrachteten Gegenstandes auch nicht das Geringste erfahren.

Experiment Nr. 24

Schauen Sie auf einen beliebigen Gegenstand und beobachten Sie, was in Ihnen dabei passiert. Registrieren Sie Ihre Gedanken, Gefühle, Werturteile, Ihr Empfinden von Ästhetik oder von Häßlichkeit, einfach alles. Machen Sie das so lange, bis es Ihnen zu langweilig wird – nun, das wird nicht lange dauern.

Der Stein des Anstoßes

Vermutlich erging es Ihnen in etwa so: Sie sehen den Gegegstand, und noch im selben Moment denken Sie: »Das ist ein Füller.« Als hätten Sie mit der Bezeichnung »Füller« irgendeine tolle Beschrei-bung dieses Objekts gegeben, verliert der Gegestand daraufhin fast augenblicklich an Interesse. Das Ganze wird langweilig, und Ihr Ver-stand wendet sich wieder etwas anderem zu; das Spiel beginnt von neuem. Wie schon gesagt: Das ist die Art, wie unser Verstand funk-tioniert, und wenn Sie sich darüber aufregen, können Sie sicher sein, daß *er* seine Finger im Spiel hat. Und jetzt die guten Nachrichten: Sie *haben* einen Verstand, aber Sie *sind* nicht Ihr Verstand. Wenn Sie sich allerdings zu stark mit Ihrem Intellekt identifizieren – und das gleiche gilt selbstredend für Ihre Gefühle und Ihren Körper –, stecken Sie schon in ernsthaften Schwierigkeiten.

Dieser FÜLLER also war der Stein des Anstoßes. Sehen Sie: Mit der Bezeichnung »Füller« haben Sie eine bloße Aneinanderreihung von Buchstaben (F-Ü-L-L-E-R) verwendet, bezüglich deren Codierung Sie mit einer gewissen Anzahl von Menschen, nämlich denen, die Ihre Sprache sprechen, einen ungefähren Konsens gefunden haben.

Unser Irrtum ist, daß wir glauben, die einzig anerkennens-werte Wahrnehmung sei das, was durch unsere Vernunft gefiltert ist.

Don Juan[10]

Diese Ansammlung von Symbolen könnte auch &?=!%*_" lauten (was die klingonische Bezeichnung für Füller ist!) oder sonstwie; und dennoch wären wir dem Phänomen Füller noch kein bißchen näher gekommen. Dieses »Füller-sein« läßt sich nämlich mit Worten nicht erfassen. Sie könnten ein ganzes Buch über einen Füller schreiben und hätten ihn dann immer noch nicht *wahrgenommen*.

Experiment Nr. 25

Sagen Sie sich das Wort »Füller« immer wieder vor, ein paar Minuten lang, und achten Sie darauf, was dabei mit und in Ihnen geschieht. Versuchen Sie durchaus, die Verbindung zwischen »Füller« als Wort und dem Gegenstand Füller aufrechtzuerhalten.

Nach dieser Übung dürften Sie in einer mittelschweren bis heftigen Trance sein, da Sie eine Grundfunktionsweise Ihres Biocomputers in Frage gestellt haben, und das wird mit sofortiger Erschütterung alteingefahrener Bewußtseinszustände belohnt. Nach einer gewissen Zeit kommt es zu einer »Entfesselung« dieser beiden Dinge. Auf der einen Seite haben Sie das Wort »Füller«, das irgendwann total inhaltslos erscheint und nichts bezeichnet; auf der anderen Seite diesen Gegenstand, der, nun seiner Bezeichnung verlustig gegangen, zwischen allen Stühlen ein namenloses Dasein fristet.

Experiment Nr. 26

Schauen Sie sich nun diesen Füller noch einmal genauer an. Richten Sie dieses Mal Ihr Augenmerk nicht auf den Füller selbst, sondern auf die Grenzlinien zu seiner Umgebung; sozusagen die Form, die dem Inhalt des Füllers das Bett macht.

Bemerken Sie den Unterschied? Sie haben Ihren Aufmerksamkeitsfokus ein klein wenig verändert und – wummm! – erstrahlt dasselbe Objekt in völlig neuem Gewande. Es gibt eine ganze Reihe solcher spezieller Kriterien, mit deren Hilfe Sie jedesmal eine mehr oder weniger große Verschiebung Ihres Gewahrseins hervorrufen können. Je öfter und vielfältiger Sie das tun, desto reiner und unmittelbarer wird Ihre Wahrnehmung des Füllers werden. An einem bestimmten Punkt entledigt sich das von Ihnen betrachtete Phänomen »Füller« seines Namens und *ist* einfach. Dann sind Sie sprachlos, in der tiefsten Bedeutung des Wortes, und sehen die Welt mit neuen Augen. Nehmen Sie Farbe, Form, Größe, Schattierungen, Spiegelungen, Flecken, Kratzer und alles mögliche auf diesem Gegenstand wahr, und Sie werden staunen, wie reichhaltig dieser vormals simple Füller eigentlich ist. Ein hochinteressanter Nebeneffekt bei dieser Art der Wahrnehmungsschulung ist, daß Sie schon nach kurzer Zeit anfangen werden, viel bessere Zeichnungen als bisher anzufertigen. Probieren Sie es doch einmal aus! Wie wir zeichnen können, ist ein Gradmesser für unsere Fähigkeit, die Welt wahrzunehmen.

Zuvor war der Füller nur ein Füller. Jetzt ist er voll von den wunderlichsten Dingen und Erscheinungen. Geändert hat sich überhaupt nichts an ihm, wohl aber haben Sie Ihre Wahrnehmung beträchtlich erweitert. Solche Übungen führen zu einem unmittelbaren Zuwachs an Energie, als würde durch das Öffnen unserer Sinneswahrnehmung auch vermehrt Lebensenergie in uns einströmen. Unser Körper reagiert ganz direkt mit Kraftzuwachs auf diese Erweiterung unseres Gewahrseins. Denken Sie bloß: Was Ihnen da mit dem Füller widerfahren ist, geschieht in jedem Augenblick, also auch *jetzt*!

Ob Sie einen Spaziergang machen oder mit einem geliebten Menschen sprechen, ein Buch lesen oder schöner Musik lauschen: Immer sind es Ihre Wahrnehmungsfilter, die nur einen verschwindend geringen Teil der vorhandenen Informationen passieren lassen. Je nachdem, in welcher sozialen, familiären und kulturellen Umgebung Sie aufgewachsen sind, haben Sie auch die dort vorherrschenden Wahrnehmungsraster übernommen, die Sie bis zum heutigen Tage mit Hilfe Ihres inneren Dialogs immer wieder aufs neue erschaffen.

Was entgeht uns da alles, frage ich mich, wenn wir auf einen lieben Menschen treffen und ähnliche Wahrnehmungsmuster auf ihn anlegen wie auf unseren Füller; wieviele Möglichkeiten und Chancen für liebevolle Beziehungen verheddern sich in unserem zu dicht geknüpften Netz?

Durch die Technik des weichen Blicks sind Sie ab sofort dazu in der Lage, dieses Netz immer stärker abzustreifen und somit immer umfassendere Informationen von dem, was »da draußen« wirklich vor sich geht, zu erhalten.

The Point of Power is Now!

Nicht die Dinge beunruhigen die Menschen, sondern ihre Meinungen darüber.

Epikur

Wir erfassen dann mehr von den Ereignissen, bewahren eine größere Gelassenheit und einen ruhigen Überblick, weil wir uns nicht so schnell in irgendwelche Kleinigkeiten verrennen. Übrigens: Haben Sie das nächste Mal Streit mit einem Freund oder einer Freundin oder ein solcher bahnt sich gerade an, achten Sie doch einmal darauf, wie stark sich Ihr Blickfeld dabei verengt und wie ausschnitthaft Ihre gesamte Wahrnehmung funktioniert. Mit ein klein bißchen Übung werden Sie es schaffen, Ihr Gewahrsein über den Weg der Augen auszudehnen, und – Sie werden Augen machen! – die gesamte Situation erscheint Ihnen in völlig anderem Licht.

Sie sind der Schöpfer Ihrer Realität, und mögen Ihnen auch Dinge zustoßen, für die Sie absolut nichts können, so liegt es immer noch an Ihnen, wie Sie mit diesen Dingen umgehen; und genau da liegt auch Ihr Verantwortungsbereich. Niemand zwingt Sie, auf bestimmte Situationen so oder so zu reagieren, und »ist es normal, nur weil alle es tun?« Manche spirituellen Schulen sind davon überzeugt, daß absolut jedes Ereignis, das einem Menschen widerfährt, auch von ihm selbst inszeniert ist. Ich bin mir nicht sicher und habe noch zu wenig Erfahrung mit diesen Dingen, kann also sein oder kann auch nicht sein. Worüber ich mir absolut sicher bin, ist die Freiheit eines Menschen, auf Situationen nicht wie ein Roboter zu reagieren, nur weil wieder einmal jemand den falschen Knopf gedrückt hat und dieses ewiggleiche Programm abläuft, daß nun schon in der 798. Wiederholung läuft und seinen Reiz längst verloren hat.

Sie haben die Wahl. Sie können immer nur auf die alten Konditionierungen und Programme in Ihnen reagieren, die Ihnen auch keine Macht der Welt wieder wegnehmen wird; kein Meister und kein NLP, keine Bachblüten und auch kein Wundertherapeut. Sie allein können diese Programmierungen transformieren und aufhören, sich mit ihnen zu identifizieren. In diesem Moment verlieren diese Muster immer mehr an Kraft, bis sie eines Tages wie eine alte Dampflok nur noch müde vor sich hin schnaufen.

Nehmen Sie das Ruder selbst in die Hand, denn niemand wird es für Sie tun. Sie können sich über Ihre Vergangenheit erheben und die Gegenwart zu Ihrem Bezugspunkt machen; von diesem aus werden Sie Macht über die Vergangenheit und Zukunft erlangen. In dem Maße, in dem Sie Ihre Fähigkeit des weichen Blicks entwickeln und ausbauen, wird auch Ihre Kontrolle über viele sonst automatisch ablaufenden Gedanken und Gefühle steigen. Sie sind dann kein Schaltbrett mehr, auf dem ein Knopfdruck genügt und KAWUMM! Sie sich wieder einmal fühlen, als hätte das kosmische Justizministerium die Höchststrafe über Sie verhängt: 1000 Leben mit 0 Selbstwert, oder so ähnlich jedenfalls.

Sie sind dann in der Lage, die in Ihnen ablaufenden Gefühls- und Gedankenmuster aus einem anderen Blickwinkel heraus zu betrachten, und ansonsten fast hypnotisch-suggestive Verhaltensschablonen verlieren ihre Macht über Sie. Und das alles infolge des magischen Blicks. Wenn das keine guten Nachrichten sind!

Ursprünglich, Unbedingt, Unausdenklich

In der Ausbildung von Carlos Castaneda bei seinem Lehrmeister, dem Schamanen Don Juan, legt dieser sehr beharrlich immer wieder Nachdruck auf den Unterschied zwischen bloßem Schauen und *Sehen*. Ich denke, die letzte Übung hat uns sehr deutlich vor Augen geführt, was zumindest im Ansatz damit gemeint sein könnte. Das Wort »Baum« und die Erfahrung eines Baumes sind zwei Dinge von gewaltigem Unterschied. Das eine ist eine bloße Klassifizierung eines bestimmten Objekts, um durch diese Kategorisierung die im Alltag ohne Unterlaß auf uns einprasselnden Informationen bewältigen zu können. Von daher gesehen, hat diese Fähigkeit also absolut ihre Berechtigung.

Denken Sie nur an eine Situation, in der Sie vielleicht mit Ihrem Auto mitten in einem Verkehrschaos stecken, und die Pforten Ihrer Wahrnehmung sind so weit geöffnet, daß Sie absolut unfähig wären, mit

Schauen und Sehen - beides beginnt mit einer Sinneswahrnehmung, aber da endet die Ähnlichkeit auch schon.

Wenn ich die Welt ›anschaue‹ und ihre Phänomene benenne, dann treffe ich unmittelbare Entscheidungen, augenblickliche Bewertungen: Ich mag oder mag nicht, ich akzeptiere oder lehne ab, was ich ›anschaue‹, je nachdem, was dem ICH nutzt. ›Schauen‹ dient dem Überleben, dem Zurechtkommen, der Einflußnahme ... und darauf werden wir vom ersten Tag an gedrillt. Wenn ich hingegen SEHE, bin ich plötzlich ganz Auge, vergesse dieses ICH, bin davon befreit und stürze mich kopfüber in die Realität, wie sie mir begegnet.

Frederick Franck
The Zen of Seeing[12]

der Welt, wie sie Ihnen gerade im Moment erscheint, sinnvoll zu interagieren.

Auf der anderen Seite jedoch ist uns über die Perfektionierung dieses Könnens ein anderes, uns aber ebenso angestammtes Potential zum großen Teil verlorengegangen; die Begabung nämlich, das immerfort andauernde Kommentieren und Beurteilen der Welt einfach sein zu lassen, wenn es gerade nicht benötigt wird, und daraufhin in den Kraftpunkt der Gegenwart einzutauchen – da, wo unsere Sinneswahrnehmungen, noch nicht eingetrübt vom zähen Fluß unseres Gedankenstroms, ihre ursprüngliche Klarheit und Reinheit bewahrt haben. In solchen Augenblicken entstehen Räume und Eindrücke von solch unermeßlicher Schönheit, daß es sich mit bloßen Worten nicht einfangen läßt. Dennoch möchte ich Ihnen, liebe Leser, diese wunderschönen Sätze eines großen Mannes des tibetischen Buddhismus, Trungpa Rinpoche, nicht vorenthalten:

»Ein ungeheures Feld der Wahrnehmung entfaltet sich: Klänge, Anblicke, Gerüche, Empfindungen in unerschöpflicher Fülle. Das Reich der Wahrnehmung ist grenzenlos, die Wahrnehmung selbst ursprünglich, unbedingt, unausdenklich. Es gibt Klänge, die du nie gehört, Farben und Dinge, die du nie gesehen, Gefühle die du nie empfunden hast.«[11]

Die Sinne – unser Zuhause

Wir brauchen keine andere Welt als die unsrige. Hier und Jetzt ist unser Platz und unsere Bodenstation, von der aus wir über die Fenster unserer Sinneswahrnehmung Ausblick auf sämtliche Dimensionen nehmen können, die das Universum uns zu bieten hat. Ich will damit nicht sagen, daß es keine außersinnlichen Wahrnehmungen gibt, ganz im Gegenteil. Mir scheint nur, daß gesunde außersinnliche Wahrnehmungen dann entstehen, wenn ein Fundament in Form von Bewußtheit unserer herkömmlichen Sinneswahrnehmungen besteht. Ich glaube sogar, daß viele außersinnliche Wahrnehmungen aus solch einer gesteigerten Gewahrsamkeit der herkömmlichen Sinne entstehen. Es mag sein, daß uns paranormale Erfahrungen über den Bereich unserer fünf Sinne hinausführen werden, in Bereiche, wo selbst diese nicht mehr das geeignete Medium für die dort vorherrschenden Energien sind, doch können unsere Sinne ein ausgezeichnetes Sprungbrett in solche Wahrnehmungsbereiche sein. Zudem sind sie unsere intimste Bindung an diesen Körper, an diesen Planeten und an diesen Ort zu dieser Zeit. Ist es nicht wundervoll, ein Zuhause zu haben, einen Schnittpunkt im grenzenlosen Raum-Zeit-Kontinuum, an den Sie immer wieder zurückkehren können, auch wenn Sie noch so ausgefreakt und auf einem völlig ausgetickten Trip waren? Mir will die Verleugnung unserer Sinne, wie sie von manchen spirituellen Disziplinen propagiert wird, absolut nicht einleuchten. Selbstverständlich sind unsere Sinne anfällig für Täuschungen und liefern uns nur relative Abbilder der Realität. Doch liegt das in erster Linie an der Art und Weise unseres Denkens und Urteilens, das einen ungehinderten Strom der Sinneseindrücke erst gar nicht aufkommen läßt.

Unsere Sinne können unbedingt Türen zu einer nicht-dualen Bewußtheit sein, d.h. ohne Begrenzungen und Unterscheidungen einfach wahrnehmen, ohne Sprache, ohne Ich, ohne Du.

Unser Ich hat klare Grenzen und weiß das auch. So setzt es einiges daran, Sie, der oder die Sie weit mehr als dieses begrenzte Ich sind, in diesen engen Grenzen gefangen zu halten. Und selbst das muß nicht unbedingt so sein. Wenn das Ich seinen angestammten Platz einnimmt und endlich nur das tut, was es auch kann – strukturieren und unterscheiden –, aber eben nicht mehr, dann kommen unsere Angelegenheiten von ganz allein in Ordnung.

Wie es ganz bezaubernd und voll anmutiger Poesie Lao-tse in seinem Werk *Tao-te-King* zum Ausdruck gebracht hat:

> »Sei zufrieden mit dem, was Du hast;
> freue dich der Dinge, wie sie sind.
> Wenn du erkennst, daß nichts fehlt,
> gehört dir die ganze Welt.«[13]

Die wirkliche Entdeckertat besteht nicht darin, neue Länder zu finden, sondern mit neuen Augen zu sehen.
Marcel Proust

Für mich gibt es nur das Gehen auf Wegen die Herz haben, auf jedem Weg gehe ich, der vielleicht ein Weg ist, der Herz hat. Dort gehe ich, und die einzige Herausforderung ist, seine ganze Länge zu gehen. Und dort gehe ich und sehe und sehe atemlos.

Don Juan[14]

Von Hingabe

Diese Arten der Wahrnehmung lassen sich nicht durch Überlegungen erfahren, bestenfalls einkreisen, um eine gewisse Richtung im Auge zu haben. Sie müssen durch Tun im Nicht-tun erschlossen werden. Tun ist in diesem Fall die willentliche Hinwendung zu unserer Wahrnehmung; und Nicht-tun weiß, daß es nichts zu tun gibt außer dem Beobachten, voller Zuversicht, daß die Dinge am rechten Ort zur rechten Zeit passieren werden. Sie fühlen sich dann nicht mehr gehetzt und verlieren das Gefühl, Sie würden etwas versäumen, wenn Sie nicht dieses Buch auch noch lesen oder diesen Workshop auch noch besuchen. Sie brauchen keine Resultate mehr herbeizuzwingen, weil sich Ihr Leben ganz leicht in ein ruhiges Strömen verwandelt, je offener Sie für die immer schon bereitstehende Fülle werden. In diesem Zustand fühlen Sie sich verbunden mit der Welt und ihren Menschen. Nicht mehr getrennt und abgeschnitten, da der für diese Isolation verantwortliche Verstand jetzt Urlaub hat und Sie direkten Anschluß an die riesige Kraft und ungeheure Intelligenz, die dem Universum innewohnt, haben – in diesem Moment, an diesem Ort, in diesem Körper, auf diesem Planeten: JETZT!

Glauben Sie mir, ich bin den Weg des Verstandes weit gegangen, habe alles, was ich in die Finger kriegen konnte, gelesen, verschlungen gar; doch all das Wissen hat das Brennen in meiner Seele doch nicht lindern können. Doch in Augenblicken der Wahrnehmung – mein Verstand hat sich zur Ruhe begeben – fühle ich mich nicht mehr so allein und isoliert von der übrigen Welt und meinen Mitmenschen. Ich kann dann eine grundlegende Verbundenheit mit allem spüren. Eine Verbundenheit, die sich nach und nach entwickelt, zur richtigen Zeit.

Die Ur-Teil-ung

In unserer Kindheit passieren so manche Dinge, die für den kleinen Menschen, der wir damals waren, einfach eine Spur zu hart und groß sind. Überwältigt ob der scheinbar sinnlosen Grausamkeit der sich über uns ergießenden Eindrücke haben wir damals schon begonnen, diese Geschehnisse zu bewerten oder gar völlig aus unserem Bewußtsein auszuklammern; alles, nur diese schmerzhafte Intensität nicht spüren! Wer kennt sie nicht, diese Situationen, in denen uns einfach alles zuviel wird und die wir verdammt noch mal nicht haben wollen!

Doch beginnt da unser eigentliches – menschliches, allzu menschliches – Dilemma: Unser Denken beurteilt und verurteilt die uns widerfahrenden Situationen und verhindert durch seine Wertungen ein vollständiges Erfahren der mit diesen Situationen verknüpften Gefühle. Geschieht dies öfter, schneiden wir uns nach und nach immer weiter vom lebendigen Strom des Lebens ab und sind am Ende ganz isoliert vom Vibrieren des Seins.

Achten Sie einmal darauf, wie oft Sie am Tag über Dinge, Menschen, Situationen urteilen oder diese gar ver-urteilen. Sie erschaffen damit die Ur-Teil-ung, das Gefühl des Abgetrenntseins von anderen, der Welt und überhaupt dem ganzen Universum. Das Urteil ist die Ur-Teilung, was gibt es mehr zu sagen.

Das ist einfach die Art, wie unser Verstand funktioniert, und letztlich ensteht so unser Ichbewußtsein, unser Ego. Nicht, daß das Ego etwas Schlechtes wäre – es ist der Ausdruck unseres individuellen Seins und ermöglicht dieses erst. Nur bringt die Möglichkeit, Individuum zu sein, oftmals ein Gefühl des Getrenntseins mit sich, verliert es seine Grundlagen, das Eingebettet-sein in das Netzwerk des Universums. Spüren wir diese Verbundenheit und wissen um unsere Individualität innerhalb der Einheit mit allem, was ist, kann es eine große Freude sein, die ungeheure Freiheit eines Individuums auszuloten und zu spüren, was es heißt, ein eigenständiger Mensch zu sein.

Gerät dieses Gleichgewicht aus dem Lot und verselbständigt sich der Verstand in grenzenlosem Größenwahn, trennen wir uns vom Quell des Lebens, dem alles gleich viel bedeutet, alles gleich-gültig ist, der nichts beurteilt, nichts abwertet, nichts bevorzugt. Das Tao in seiner Hingebung trägt Gut und Böse gleichermaßen in sich.

Karma ist die Kraft, die bei den Handlungen einer Person ins Werk gesetzt wird.
Sie funktioniert so, wie immer ein Individuum es glauben mag.
In diesem Sinne ist alles Karma momentan, instant - gib bloß Glauben dazu.

Camden Benares[15]

Instant Karma

Natürlich liegt es in der menschlichen Natur, zum Glück und zu lustvollen Erfahrungen hinzustreben. Sie brauchen auch kein Masochist zu sein, um sich wieder an den Strom des Lebens anzuschließen. Doch widerfährt Ihnen nun einmal eine schmerzhafte oder leidvolle Situation: Spüren Sie sie, lassen Sie es durch sich hindurch fließen, beurteilen Sie nichts, und wenn Sie es tun, lieben Sie sich dafür, daß Sie es tun. Es ist völlig o.k., das zu tun. Wichtig ist eine gesteigerte Achtsamkeit für das, was genau Sie tun, um größere Freiheit und mehr Möglichkeiten in Ihrem Leben hervorzubringen. Sie allein ziehen dabei die Grenzen, und es gibt nichts Schlechtes daran und hat auch mit Schuld oder Karma nichts zu tun. Es gibt kein Karma, sondern nur den Augenblick. Sie können *jetzt* damit aufhören und die Ihnen zustehende Freiheit genießen. Machen Sie sich nicht kleiner als Sie sind.

Dieser Karmagedanke, wie er heute von vielen Menschen verstanden wird, scheint mir schlicht das budhhistische Pendant des christlichen Märchens von der Erbsünde zu sein – und das wurde immer dazu benutzt, um Schuldgefühle in den Menschen zu erzeugen und Macht über sie auszuüben. Es gibt keine Erbsünde und auch kein Karma. Alles plumpaquatsch. Der Verstand ist Ihr Karma und Ihre Erbsünde. Und haben Sie erst einmal die Begrenztheit und Relativität Ihres Verstandes begriffen, dann machen Sie sich keine Sorgen um diese ganzen Schuldfragen mehr. »There is no grace, there is no guilt. This is the law, do what though wilt.«, wie Aleister Crowley zu sagen pflegte. Sie müssen nicht getrennt sein von all den anderen, wenn Sie es nicht wollen. Es sind alles Ihre Brüder und Schwestern, und wenn Sie sie so behandeln, wie Sie selbst gerne behandelt werden möchten, wird alles gut werden. Die Formel dafür lautet:
Mehr Urteile = engere Grenzen, kleinerer Spielraum,
weniger Urteile = weitere Grenzen, mehr Freiheit.
Wenn Sie beginnen, Ihren Beobachter zu kultivieren, der unvoreingenommener Zeuge ist bei allem, was Ihnen widerfahren mag, durchbrechen Sie den seit Äonen andauernden Teufelskreislauf aus immer wiederkehrendem Urteilen-Leid-Urteilen-Schmerz-Urteilen …

bis in alle Ewigkeit. Hier und Jetzt können Sie damit beginnen, und das ist gar nicht so schwer, finde ich. Ein bißchen Mut, Neugier und Abenteuerlust und schwupps – erscheint die Welt in neuem Licht, strahlender, freundlicher, wärmer, liebevoller, weiter und auch mysteriöser.

Hierzu eine kleine Übung.

Experiment Nr. 27

Betrachten Sie eines der 3D-Bilder; wenn möglich eines, das Ihnen nicht so gut gefällt. Schauen Sie hinein, beobachten Sie. Was mißfällt Ihnen an diesem Bild? Die Form, die Farben, das Tiefenobjekt? Was genau gefällt Ihnen an den Farben nicht? Welche Farbe ist es im besonderen, die Ihr Mißfallen erregt? Was löst diese Farbe in Ihnen aus? Was für ein Gefühl ist es? Wo genau in Ihrem Körper sitzt es?

An den Grundfesten Ihrer Persönlichkeit

Mit dieser Übung können Sie recht schnell den Ihren Urteilen zugrunde liegenden Emotionen auf die Spur kommen. Zunächst ist es sinnvoll, das an einem geschützten Ort zu tun, an dem Sie Ihre Ruhe haben. Im Laufe der Zeit werden Sie geübter damit und können auch in schwierigeren Situationen Ihren Gefühlen nachgehen und diese in einer für Sie angemessenen Weise zum Ausdruck bringen.

Das eigentlich Aufregende an der Methode ist, daß Sie sowohl Ihren Gefühlen als auch den damit verbundenen Glaubenssätzen auf die Schliche kommen. Wissen Sie nämlich erst einmal, welche Glaubenssätze (= Werte = Urteile) welche Gefühle induzieren, können Sie überprüfen, ob und wie Sie diese ja oft in sehr alten Tagen getroffenen Entscheidungen behalten wollen oder Ihre Energien lieber auf andere Geisteshaltungen richten möchten.

Sagen wir, Sie kommen einem Glaubenssatz auf die Spur, der da wie folgt lautet: »Dunkles Grün ist häßlich.« Der führt Sie dann zu: »Häßlich sein ist schlecht« oder persönlicher: »Ich darf nicht häßlich sein, sonst bin ich schlecht und werde nicht geliebt.« Weiter: »Nur schöne Menschen sind liebenswert« usw.

Wer die Welt wandeln will, muß bei sich selbst beginnen. Wir sollten es nicht anderen überlassen ... Nur wenn wir uns selber in der kleinen Welt, in der wir leben, umarmen können, wenn wir einen grundlegend anderen Gesichtspunkt für unser tägliches Leben gewinnen, vermögen wir vielleicht einen Einfluß auf umfassendere menschliche Beziehungen, auf die Welt im großen zu gewinnen.

J. Krishnamurti[16]

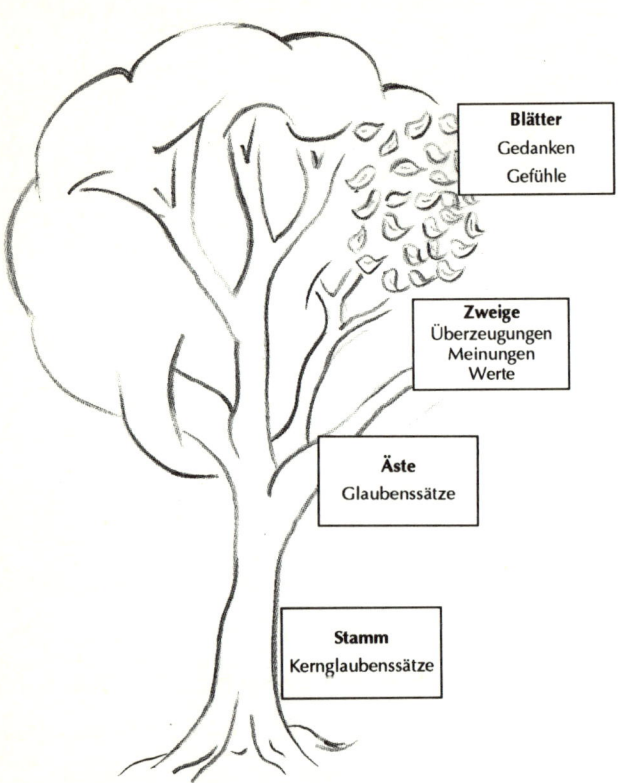

Abbildung Nr. 17

Das könnte jetzt noch eine ganze Weile so weiter gehen. Wenn Sie am Ball bleiben, werden Sie im Laufe der Zeit auf einige wirklich grundlegende Überzeugungen stoßen, die Ihre Kernglaubenssätze sind. Von diesem Kern aus formt sich gleichsam Ihre ganze Persönlichkeit, Ihr ganzer Charakter mit all seinen Schattierungen. Nun sind diese Glaubenssätze zum Teil nicht gerade sehr liebevolle Überzeugungen. Sie könnten bei Ihrer Expedition auf Haltungen stoßen wie: »Das Leben ist grausam«, oder »Ich bin nicht wirklich liebenswert« oder ähnlich unerfreuliche Dinge. Doch sind es gerade diese Einstellungen, die einen entscheidenden Einfluß auf Ihr gesamtes Leben ausüben. Sie bilden gewissermaßen den Grundstock für die Sie umgebende Welt und wie sie von Ihnen erfahren wird. Diese Glaubenssätze sind jedoch nicht unumstößlich, sie werden nur immer wieder von Ihrer mehr oder weniger bewußten Hinwendung an sie gestärkt. Oftmals ergeben sich Veränderungen ganz von allein. Wenn Sie früher z.B. gedacht haben: »Rauchen ist cool«, und diese Einstellung hat sich inzwischen geändert in: »Rauchen ist mir gleichgültig«, hat sich hier ein Glaubenssatz verändert. Haben Sie Ihre Glaubenssätze erst einmal erkannt, verlieren sie schon viel von ihrer Macht, da Sie in diesem Moment erkennen, daß es Produkte Ihres eigenen Geistes sind und nicht irgendeine wie auch immer geartete objektive Realität.

Nehmen wir nun an, Sie sind auf einen Glaubenssatz wie diesen gestoßen: »Immer, wenn ich eine engere Beziehung eingehe, werde ich verletzt.« Diese Haltung, einmal fest verankert, führt zu genau der Erfahrung, die Sie ja so sehr befürchten, und verstärkt diesen Glaubenssatz nur wieder aufs neue. Ein circulus vitiosus. Auf der anderen Seite filtern Sie alle Wahrnehmungen, die zu diesem Glaubenssatz in Widerspruch stehen könnten, einfach aus und werden so tatsächlich blind für Situationen und Menschen, die Ihnen nicht wehtun wollen.

Wir sind diesen Glaubenssätzen dennoch nicht hilflos ausgeliefert.

So wie wir in der Lage waren, unsere alten Glaubenssätze zu etablieren, sind wir auch dazu imstande, neue, uns jetzt angemessenere Werte anzueignen. Das funktioniert am besten, wenn Sie – nachdem Sie einen solchen unliebsamen Glaubenssatz gefunden haben – einen neuen bilden, der – positiv – Ihren alten entmachtet. Im obigen Fall könnte ein solcher wie folgt lauten: »Wenn ich das nächstemal eine Beziehung eingehe, werde ich mich geliebt und geborgen fühlen.« Es kommt ganz darauf an, was Sie sich zutrauen. Es macht keinen Sinn, wenn Sie einen Glaubenssatz kreieren, von dem eine andere Einstellung in Ihnen besagt: »Das kann nicht funktionieren, so ein Blödsinn!« Bleiben Sie realistisch, lernen Sie Ihre Grenzen nach und nach kennen, und stecken Sie sie im Laufe der Zeit immer weiter.

Experiment Nr. 28

Lassen Sie sich bei dieser Übung ca. eine halbe Stunde Zeit. Setzten Sie sich in eine bequeme Haltung vor eines der Bilder, möglichst eines, das für Sie sehr neutral gehalten ist. Entspannen Sie sich und werden Sie ruhig und gelöst, ganz in der Gewißheit, daß diese Zeit nur für Sie und Ihr Wohlergehen bestimmt ist. Wenn Sie sich dann in einem wirklich meditativen Zustand befinden, nehmen Sie einen Ihrer positiven Glaubenssätze und sagen Sie sich ihn immer wieder vor, während Sie mit Ihrem Blick weiterhin in der dritten Dimension verweilen. Hören Sie diesen Satz vor Ihrem inneren Ohr, sagen Sie ihn laut, flüstern Sie ihn, ganz wie es Ihnen gefällt; sehen Sie ihn vor Ihrem inneren Auge, oder wie er im magischen Bild an Ihnen vorrüberschwebt. *Fühlen* Sie ihn, und erleben Sie ihn so plastisch, als wäre er schon in Erfüllung gegangen. Machen Sie das so lange, bis Sie das Gefühl haben, er sitzt. Lassen Sie dann diese Übung ausklingen, und kehren Sie allmählich wieder zu Ihrem Alltagsbewußtsein zurück.

Seien Sie voller Gewißheit, daß sich dieser Glaubenssatz schon bald in Ihrer Realität manifestieren wird, und ich schwöre Ihnen: Er wird es tun. Sie brauchen auch nicht ständig nach Ergebnissen zu schielen; das würde den Ablauf eher stören. Ein schönes Ritual, um dem von Ihnen erschaffenen Glaubenssatz den gewissen Nachdruck zu verleihen, wäre es, in den nächsten Tagen eine Ihrem neuen Glaubenssatz entsprechende Handlung auszuführen. Sie wünschen sich eine liebevollere Beziehung zu Ihrem Partner: Bringen Sie ihm oder ihr doch ein kleines Geschenk mit, oder tun Sie etwas Vergleichbares. Diese Handlungsweise wird Ihrem neuen Glaubenssatz den nötigen Kick verleihen; danach denken Sie an andere Dinge, und *wissen* Sie, daß alles seinen Lauf nehmen wird.

Dies ist eine der machtvollsten Techniken, die ich kenne, um Realität zu verändern. Die Anregung für die Arbeit mit Glaubenssätzen stammt aus dem bereits erwähnten Seth-Buch, in dem diese kraftvolle Methode ausführlich erklärt wird; ich habe nach dem Lesen seiner Bücher immer sehr viel Wärme in meinem Herzen gespürt. Auch in anderen Modellen, wie dem NLP beispielsweise, wird mit vergleichbaren Techniken gearbeitet.

Zeit für Wunder

Ihre Glaubenssätze sind Ihnen übrigens zu jeder Zeit zugänglich. Sie sind keinem wie auch immer geartetem Unbewußten ausgeliefert, das sein grausames Spiel mit Ihnen treibt. Wenn Sie aufmerksam genug hinsehen, lauschen, in sich hineinspüren, werden Sie wie in einem offenen Buch lesen können. Es ist – in der Tat – erstaunlich, aber es funktioniert. Sie können wirklich alles entdecken. Ich glaube inzwischen, daß die Arbeit von Freud und die daraus resultierenden Konsequenzen in der klassischen Psychologie eine Menge mehr Schaden angerichtet haben als Nutzen. Haben Sie ein Gefühl entdeckt, wird Sie das, falls Sie es nur beobachten, zum nächsten führen und so fort, bis Sie mit den dahinterliegenden Glaubenssätzen in Berührung kommen. Und von diesen gibt es wiederum eine Handvoll, den harten Kern sozusagen, die die restlichen um sich gruppieren.

Sie setzen mit dieser Übung am Kern Ihrer Persönlichkeit an und sollten deshalb sehr gewissenhaft mit den von Ihnen verwendeten Glaubenssätzen umgehen. Zudem befinden Sie sich durch die Kombination dieser Technik mit dem magischen Blick in einem Bewußtseinszustand, der für diese Arbeit wie geschaffen ist. Die für die Materialisation dieser Glaubenssätze benötigte Energie fließt dem Chakrensystem zufolge ja direkt aus unserer Zirbeldrüse, und genau diese haben Sie mit dem magischen Blick aktiviert. Also gut anschnallen bei dieser Übung, und wundern Sie sich nicht, wenn Ihre neuen Glaubenssätze tatsächlich Wirklichkeit werden!

Der Magier und der Narr

Es gibt nach meinem Verständnis im großen und ganzen zwei unterschiedliche Herangehensweisen an die uns umgebende Welt. (Die meisten von uns benutzen eine von beiden oder eine Mischung daraus.) Bei der einen nehmen wir willentlichen Einfluß auf unsere Realität; wir richten unseren Willen auf ein bestimmtes Ziel, das wir zu erreichen trachten, und setzen unsere Energien dafür ein, auf dem schnellstmöglichen Weg dahin zu gelangen. Das ist der Weg des Magiers, des Zauberers, und es ist wahrlich ein aufregender Weg. Der Magier weiß, daß sich seine Wünsche erfüllen werden, weiß aber auch, daß das Universum viel zu komplex ist, als daß es seine Wünsche buchstabengetreu umsetzen würde. Unser Begehren und dessen Verwirklichung setzen sich oft aus so vielen verschiedenen Teilen zusammen, daß es schwierig bis unmöglich ist, alles von vornherein zu kalkulieren. Der Magier weiß das und ist bereit, alle, womöglich auch unvorhergesehene Konsequenzen zu verantworten. Zudem kennt er das Gesetz der Ausgleichung, das im ganzen Universum wirkt und gültig ist. Es ist eigentlich ganz einfach: Für jeden Wunsch, der sich erfüllt, gibt es einen anderen Bereich im Leben des Magiers, dem nun ein wenig das Wasser abgegraben wird. Zaubern Sie sich z.B. eine steile Karierre als Manager, können Sie sicher sein, daß andere Bereich Ihres Lebens, Ihre privaten Beziehungen meinetwegen, darunter leiden. Es ist ja auch ganz logisch: Sie richten Ihre Aufmerksamkeit verstärkt auf einen bestimmten Aspekt Ihrer Realität, schicken diesem eine Menge gedankliche und emotionale Energie. Klar, daß dieser Treibstoff an anderer Stelle fehlt. Ein erfahrener Magier wünscht deshalb nicht einfach wild drauf los, sondern überlegt, was er wirklich will, wofür er wirklich bereit ist, auch sämtliche Konsequenzen zu übernehmen.
An diesem Punkt angelangt, ist der Magier schon auf dem besten Weg,

ein Mystiker zu werden – es ist auch eine Art ungeschriebenes Gesetz, daß jeder ernsthafte Magier früher oder später zum Mystiker wird.

Was will ich wirklich? Diese Frage drängt sich nun immer häufiger ins Bewußtsein des Magiers und so manchesmal verwandelt sie sich in »Was will *es* in mir wirklich?« Sind Ihre Wünsche vielleicht nur Produkte Ihres zu kurz gekommenen Ichs oder entspringen sie einem inneren Drängen, das Ausdruck Ihres umfassenden schöpferischen Potentials ist?

»Tu was du willst, soll sein das ganze Gesetz.« Dieser Satz aus einem von einer Wesenheit namens Aiwass dem Magier Aleister Crowley diktierten Buch bringt es auf den Punkt. So oft verteufelt und mißverstanden, möchte ich doch auch einen kleinen Beitrag leisten, diesen Satz zu rehabilitieren. Es geht eben nicht darum, ständig den Schwankungen unseres allzu launenhaften Geistes nachzujagen, sondern vielmehr darum, den tiefsten eigenen Willen aufzuspüren und dann *das* zu tun, was man wirklich tun möchte.

Wissen Sie, was Sie *wirklich* wollen, wonach Ihr Herz sich sehnt? Ich kenne eine wunderschöne Übung, mit der Sie Ihrem wahren Willen auf die Spur kommen können.

Experiment Nr. 29

Begeben Sie sich, diesmal mit Hilfe eines für Sie angenehmen Tiefenbildes, auf eine kleine Reise, in deren Verlauf Sie Gefühle und Gedanken haben werden, die Sie schon lange nicht mehr gedacht und gefühlt haben. Wenn Sie erst einmal an diesem Ort angelangt sind, an dem Sie sich ruhig und bequem fühlen, fangen Sie an, sich folgende Frage immer wieder zu stellen: »Wovon habe ich als kleines Kind geträumt? Was habe ich mir damals vom Leben gewünscht?« Zensieren Sie nichts, auch wenn es Ihnen noch so unwichtig erscheinen mag.

Wiederholen Sie diese Fragen dann für sämtliche Abschnitte Ihres Lebens: Kleinkind, Kindesalter, frühe Jugend, Pubertät, Adoleszenz und Ihr jetziges Erwachsenenalter, und zwar in dieser Reihenfolge.

Lassen Sie sich hierfür soviel Zeit, wie Sie brauchen, und schreiben Sie dann Ihre so gewonnenen Erkenntnisse in ein Tagebuch oder ähnliches.

Wahrer Wille

Sie werden mit Hilfe dieser Übung so manch längst vergessenem Traum auf die Fährte kommen und längst verblaßte Gefühle wieder einmal spüren; vielleicht sind Sie sogar hinter ein oder zwei bislang völlig unentdeckte Glaubenssätze gekommen, die die Erfüllung Ihrer Träume bisher verhindert haben. Nach meinem Weltbild steckt in diesen Träumereien, die wir von Anbeginn unseres Lebens geträumt haben, ein großer Teil unseres wahren Willens. Finden Sie heraus, welche dieser Wünsche Ihnen auch heute noch Sehnsucht einhauchen, und Sie sind schon auf dem richtigen Weg. Unser wahrer Wille sitzt tief begraben unter den Trümmern unerfüllter Träume und desillusionierter Wünsche, irgendwo zwischen all diesem verzehrenden Begehren. Wenn Sie anfangen, diesen Trümmerhaufen Stein für Stein und Stück für Stück abzutragen, werden Sie Ihren wahren Willen entdecken, der die eigentlich antreibende Kraft hinter all diesen Wünschen ist.

Was ist Ihre Aufgabe im Leben? Warum Sind Sie hier auf diesem Planeten? Wo liegen Ihre größten Fähigkeiten und Talente? Und just in diesem Moment, wo Sie feststellen: »Ja, da will ich hin!« werden Sie feststellen, daß Sie nichts mehr erzwingen müssen und daß die Dinge sich von ganz allein zu Ihrem Besten entwickeln. Sie haben Kontakt mit der unermeßlichen Intelligenz, die Sie sind; die die Fäden zieht und webt, an Orten und zu Zeiten, wo unser Verstand nie und nimmer das Vermögen hätte. Lao-tse hat es so ausgedrückt:

»Ein edler Mensch denkt nicht über seine Handlungen nach; sie fließen aus dem Kern seines Seins.«

Der Mystiker weiß, daß das Universum für immer außerhalb seiner Kontrolle liegt, da er es niemals verstehen, immer nur *sein* kann. Er lebt aus der Mitte seines Seins heraus, und die Dinge entwickeln sich ganz leicht und wie von selbst. Es gibt so viele Abstufungen zwischen dem Weg des Magiers und dem des Mystikers, so viele Varianten und Spielmöglichkeiten – experimentieren Sie: Erfüllen Sie sich Ihre geheimsten Wünsche mit Hilfe magischer Techniken und prüfen Sie, ob es Ihnen das wirklich wert war. Lassen Sie die Ereignisse fließen, geben Sie Ihren Widerstand gegen die ganz natürlich statt-

finden wollende Entwicklung auf und prüfen Sie erneut, ob das Ihren Vorstellungen vom Leben entspricht. Wer weiß, vielleicht ist es ja Ihr wahrer Wille, ein Zauberer zu sein, der sein ganzes Leben lang versucht, die Fäden in der Hand zu halten?
Sie müssen es zu guter Letzt ja doch selbst herausfinden.

>   »Wenn sie glauben, die Antworten zu kennen,
>   sind die Menschen schwer zu führen.
>   Wenn sie wissen, daß sie nicht wissen,
>   finden sie ihren eigenen Weg.«
>
>   Lao-tse *(Tao-te-King)*

»Nichts« ist zuviel gesagt

Wenn wir die Welt durch die Augen eines Mystikers sehen könnten, wären wir erleuchtet. So banal wie das im ersten Moment klingt, ist es aber gar nicht.
Auch dem Mystiker stehen nur diese Welt und seine zwei Augen zur Verfügung. Er hat nichts, was wir zumindest unserem Potential nach nicht auch hätten. Bei der Beschreibung seiner Erfahrung greift der Mystiker fast immer auf Bilder, Symbole oder Metaphern zurück, als ließe sich das Wesen der Erleuchtung mit bloßen Worten allein nicht einfangen. Diese Sprachlosigkeit zieht sich durch die verschiedensten spirituellen Schulen, angefangen beim Zen-Buddhismus bis zur mystischen Tradition des Islam, den Sufis, und von den Schamanen Südamerikas bis hin zu den christlichen Mystikern. Ich denke, das ist kein unbedeutendes Detail, sondern darin steckt für uns Nicht- oder nur Teilerleuchtete ein wichtiger Hinweis: Wenn das Wesen der Erleuchtung mit Worten nicht darzustellen ist, dann müssen es in unserem täglichen Leben gerade diese Worte bzw. die inneren Worte, unsere Gedanken sein, die uns unablässig von dieser Erfahrung fernhalten.

>   »Wie ist es, wenn man *sieht*, Don Juan?«
>   »Um das zu wissen mußt du *sehen* lernen.
>   Ich kann es dir nicht sagen.«
>
>   Don Juan zu Carlos Castaneda[17]

Die beim Sehen erschlossenen Bereiche lassen sich also nicht beschreiben, sie liegen jenseits der Worte. Die Wirklichkeit bleibt uns verhüllt, weil wir davon besessen sind, jede wie auch immer geartete Erfahrung in Worte zu kleiden und sie so ihrer Ursprünglichkeit zu berauben.

Glauben Sie nichts, egal wem

Wir alle tun das, ständig und fast ohne Unterlaß. Wir kategorisieren Situationen, Menschen, deren Verhalten, die Weltpolitik, Gott und den ganzen Rest und wundern uns dann, daß am Ende dieses Prozesses nur Verwirrung bleibt. Die Wahrheit steht nicht in Büchern, auch in diesem nicht, und es kann sie Ihnen auch niemand verkaufen. Glauben Sie nichts, egal wem. Sie selbst tragen Ihre einzigartige und unverwechselbare Wahrheit stets in sich; sie wartet nur darauf, zum Vorschein zu kommen, würde sie doch einen Moment der Stille und Ruhe in Ihrem stürmischen Geist antreffen, um sozusagen durch die Hintertüre hereinzuspazieren. Sie müssen Ihre Wahrheit nicht erzwingen, nicht durch Meditation, nicht durch Rebirthing, Levitation, Yoga und was es sonst noch alles für Methoden und Methödchen gibt. Es ist nicht so, daß Ihre Wahrheit vor Ihnen davonläuft, da verwechseln Sie etwas. Sie rennen im Sauseschritt vor Ihrer Wahrheit davon, und alles, was Sie tun können, ist, ein klein wenig langsamer zu flüchten, damit sie eine Chance bekommt, Sie einzuholen! Sie gehört Ihnen, und Sie brauchen nur damit aufzuhören, ihr so erbitterten Widerstand zu leisten. Wenn Sie anfangen die Möglichkeit in Betracht zu ziehen, daß sich Ihre ureigene Wahrheit ganz leicht und von ganz allein entwickeln wird, folgt sie auf dem Fuß! Das ständige Hinterherhecheln nach allen möglichen Spielarten der Erleuchtung beißt sich wie die Katze selbst in den Schwanz. Wenn Sie glauben, sich furchtbar anstrengen zu müssen, dann wird es genau so sein.
Ich meine damit nicht, daß Sie nichts tun sollten (obwohl Sie damit, aufs Wort befolgt, wahrscheinlich am schnellsten zum Ziel gelangen würden). Nur möchte ich in Ihnen gerne das Vertrauen in Ihre eigenen Fähigkeiten und Möglichkeiten erwecken, die nur darauf warten – kreativ und voll unbändiger Kraft –, ans Licht zu kommen.

Es gibt allerdings Unaussprechliches.
Dies zeigt sich, es ist das Mystische ...
Wovon man nicht sprechen kann,
darüber muß man schweigen.

Ludwig Wittgenstein[18]

Ich verrate Ihnen jetzt einen Trick, der so einfach ist, daß es fast absurd anmutet, daß nicht schon viel mehr Menschen auf diesen Gedanken gekommen sind.

Nichtsdestotrotz ist dieser Kniff von einer erstaunlichen Durchschlagskraft, wenn es darum geht, den Denker hinter den Gedanken, den Beobachter zu kultivieren und damit unmittelbar an die Quelle Ihrer eigenen Weisheit angeschlossen zu sein.

Experiment Nr. 30

Setzen Sie sich wieder bequem und wenn möglich in aufrechter Haltung vor eine Tafel. Werden Sie ruhig und gelassen. Sie befinden sich in der dritten Dimension, die von Ihrem Gehirn auf wundervolle Weise erschaffen wird. Beobachten Sie Ihre Gedanken, wie sie kommen und gehen, fließen und wieder verwehen, wie Sand im Wind, unbeständig und flüchtig, wie eine Fata Morgana. Nun fragen Sie sich, woher diese Gedanken eigentlich kommen. Aus welcher Untiefe steigen sie auf? Zwischen den einzelnen Gedanken existiert eine kleine Pause. Bevor ein neuer Gedanke beginnt und ein alter wieder in die Versenkung abtaucht, *ist eine kleine Lücke.* Vielleicht bemerken Sie diese zunächst nicht, doch werden Sie schnell ein Gespür für diese Lücke bekommen. Ihre Gedanken sind in dieser Lücke wie weggeblasen und wumm! steigt der nächste Gedanke auf, bis ... usw. Im Laufe der Zeit werden Sie diese Lücke immer mehr ausdehnen können, und die Stille in Ihrem Geist wird immer größer werden, bis ...

An diesem Punkt setzt unsere Beschreibung der Welt, wie wir sie zu sehen gewohnt sind, aus, und reine Wahrnehmung, unverfälscht vom zähen Schlamm der Gedanken, kann sprudeln wie ein frischer klarer Gebirgsbach an einem Frühlingsmorgen.

Die Augen sehen das, was wir uns zurechtgelegt haben und bestätigen uns in unseren Überzeugungen. Doch wenn diese festgefahrenen Meinungen ihre Unumstößlichkeit verlieren, können uns die Augen tatsächliche Eindrücke der uns umgebenden Wirklichkeit vermitteln.

Man sieht nur das, was man weiß.

C. F. von Weizsäcker

Zu Beginn genügt es, die überholte Vorstellung über Bord zu werfen, daß das, was wir wahrnehmen, auch nur im geringsten etwas mit Wirklichkeit zu tun haben könnte, und einfach davon auszugehen, daß es da noch weit mehr geben muß, als wir bisher bemerkt haben. Allerdings ist es etwas ganz anderes, über solche Dinge nur zu lesen und zu sagen: »Ja, klar, prinzipiell kann ich mir das schon vorstellen«, oder tatsächlich den Mut zu haben, bisher Ungesehenes zu schauen, von Angesicht zu Angesicht, mit den eigenen Augen, mit dem eigenen Bewußtsein.

> »Wir müssen unser Dasein so weit, als es irgend geht, annehmen; alles, auch das Unerhörte, muß darin möglich sein. Das ist im Grunde der einzige Mut, den man von uns verlangt: mutig zu sein zu dem Seltsamsten, Wunderlichsten und Unaufklärbarsten, das uns begegnen kann.«
>
> Rainer Maria Rilke

»Gott ist«

»Wenn du *siehst*, dann gibt es keine vertrauten Bilder mehr auf der Welt. Alles ist neu. Nichts war schon einmal da. Die Welt ist unglaublich!«[19]

So spricht der Yaqui-Indianer Don Juan zu seinem Schüler Carlos Castaneda. Ein alter griechischer Philosoph, Heraklit, fand dafür die folgenden Worte: »Man kann nicht zweimal in den selben Fluß steigen.«

Wir huschen mit unserer Aufmerksamkeit über Dinge, die wir allzuoft sehen, hinweg wie über die Werbung in der Pause eines spannenden Spielfilms. Weil wir glauben, schon alles wichtige erfaßt zu haben, machen wir uns nicht mehr die Mühe, noch einmal und noch einmal und, wenn es denn sein muß, ein weiteres Mal hinzusehen, ob vielleicht nicht doch …?

Die Welt ist einer ständigen Veränderung unterworfen; wir haben Masken über ihr Antlitz geworfen, weil wir meinen, dieses stetige Fließen des Wandels nicht ertragen zu können. Wenn wir unsere Aufmerksamkeit nur stark genug auf unsere Wahrnehmung richten, werden wir *sehen* lernen und begreifen – jenseits eines intellektuellen Verstehens.

Don Juan bezeichnet das Sehen als das Gegenteil von Zauberei. Er sagt, daß wirkliches Sehen einen die Unwichtigkeit aller Dinge erkennen ließe. Das steht nun ganz in der Tradition des Taoismus. Der Mensch, der *sieht*, wird zum Mystiker, und es interessiert ihn nicht mehr, am Universum herumzudoktern, weil er weiß, daß es nichts zu verbessern und nichts zu tun gibt. Für uns läßt sich eine solche Geisteshaltung nur sehr schwer nachvollziehen. Und es gibt ja noch soo viel zu erledigen!

Das Gefühl ist das einzige, was zählt

Wie auch immer, Don Juan lehrt Carlos Castaneda einige der in diesem Buch schon an anderer Stelle beschriebenen Techniken, um das Abschalten des inneren Dialogs zu erreichen und den Verstand zur Ruhe und Be-sinn-ung (!) zu bringen. Er fordert Carlos auf, ein Objekt anzuschauen und dann so zu schielen, daß er es zweimal sieht; auch die restliche Umgebung erscheint dann doppelt. Don Juan meint, daß wir so Veränderungen in unserer Umwelt wahrnehmen können, die sich sonst unserer Aufmerksamkeit entziehen. Diese Methode ist eine etwas abgewandelte Technik des konvergenten Blicks, wie wir ihn in diesem Buch bereits mehrfach praktiziert haben. Der wesentliche Unterschied zu unserer Technik besteht darin, daß wir durch unser Schielen fast immer ein konkretes, in den Stereogrammen verstecktes Motiv erkennen und fixieren. So verschaffen wir uns einen gewissen Halt, selbst in der eher ungewohnten 3. Dimension. Don Juan geht da ein wenig anders vor. Er fordert Castaneda auf, zwischen die beiden Schielbilder zu schauen, dahin, wo eigentlich »Nichts« ist. Jede Veränderung, die es lohnt bemerkt zu werden, würde an genau dieser Stelle stattfinden. Und diese Veränderung würde sich direkt und vor allem durch das Gefühl, das man hat, zeigen. »Das Gefühl, das du spürst, ist das einzige, was zählt.«

Experiment Nr. 31

Betrachten Sie einen beliebigen Gegenstand mit konvergentem Blick in ca. 30 cm Entfernung. Sie sehen das Objekt jetzt doppelt. Nun richten Sie Ihre Aufmerksamkeit auf die Stelle zwischen den beiden Einzelbildern und achten Sie dabei insbesondere auf das von dieser Stelle ausgehende Gefühl.

Die Welt als magische Leinwand

Wir sind jetzt an einem Punkt angelangt, wo immer deutlicher wird, daß die magischen Bilder letztlich auch nur eine Hilfsbrücke sind, die, hat man sie erst einmal überschritten, wieder eingerissen werden kann. Worum es geht, ist Ihre Fähigkeit, den meditativen Blick so umfassend wie möglich in Ihr alltägliches Sehen miteinzubeziehen und alle Hilfsmittel hinter sich lassend die Welt selbst als magische Leinwand zu betrachten.

Das obige Experiment läßt sich auch auf etwas andere Weise durchführen.

Des Menschen Leibe ist fremd nicht seiner Seele, denn was man Leib nennt, ist nur Teil der Seele verkörpert durch die fünf Sinne: Eintrittspforten der Seele vornehmlich in unserem Äon.

William Blake

Experiment Nr. 32

Betrachten Sie ein 3D-Bild konvergent, bis Sie es fest im Blick haben. Nehmen Sie es dann einfach von Ihren Augen weg, behalten aber den Tiefenblick bei. Wenn es anfangs nicht gelingen sollte, gedulden Sie sich. Unsere Augen sind es nicht gewohnt, »Nichts« anzuschauen. Achten Sie auch hier auf das in Ihnen dabei aufkommende Gefühl und beobachten Sie ruhig weiter.

Mit Hilfe dieser Übungen werden Sie lernen, Ihre Augen von den konditionierten Reflexen zu befreien, immer irgend etwas fixieren zu müssen. Dieser Zwang, ständig etwas Bestimmtes im Blick haben zu müssen geht auch einher mit bestimmten Gedankenmustern. Wenn Sie immer alles fixieren müssen, sind Sie auch ständig damit beschäftigt zu analysieren und zu kommentieren. Zum erstenmal auf »Nichts« zu schauen kann dann durchaus eine ungewohnte, vielleicht sogar beunruhigende Erfahrung sein. Sie werden eine deutliche Veränderung in der Qualität Ihrer psychischen Prozesse bemerken. Nicht umsonst wird vielen Anfängern der Meditation empfohlen, bei ihren praktischen Übungen eine verwandte Blicktechnik zu benutzen. Im Zen hat der Meditierende die Augen halb geschlossen und seinen Blick einwärts auf die Nasenspitze gerichtet. Einmal entzieht er sich so den unablässig auf ihn einprasselnden optischen Reizen, zum anderen begibt er sich so schon durch die Stellung seiner Augen in eine der Meditation sehr zuträglichen Verfassung.

Ich denke, der Worte sind genug gesagt; nun bleiben Ihnen nur noch Ihre eigenen Erfahrungen. Und die sind es auch, für die dieses Buch überhaupt geschrieben wurde. Haben Sie nur *eine* neue Entdeckung gemacht, die Ihr Leben ein wenig bereichert und Ihnen neue Möglichkeiten eröffnet hat, dann hat sich dieses Buch schon gelohnt – und nur dann.

Würden die Pforten der Wahrneh-
mung gereinigt, erschiene den
Menschen alles, wie es ist:
unendlich…

William Blake

Foto:
NETZWERK
*Forum für Bewußt-
seinskultur*

von links:
Raymond Irwin,
Jürgen Stock,
Frank Schneider,
Matthias 'Muck'
Neudecker,
Harald 'von Boden-
stein' Meier

Das Netzwerk-Team: sechs junge Männer, die zwischen Wissenschaft und Esoterik, zwischen Wirtschaftlichkeit und Menschlichkeit vermitteln wollen. In einer marktwirtschaftlichen Gesellschaft heißt das z.B. ein Ladengeschäft, einen Großhandel, eine 3D-Agentur, ein Seminarzentrum zu gründen. Kurz: Alles ist gut, was man gerne tut!

Der Autor des Buches, Jürgen Stock, bietet im Rahmen der Veranstaltungen des *Forums für Bewußtseinskultur* Seminare zum Thema »Mit 3D-Bildern zu erweiterter Wahrnehmung« an. Außerdem finden auch zu anderen Themengebieten Seminare und Vorträge statt. Bei Interesse können Sie Unterlagen anfordern bei

NETZWERK – *Forum für Bewußtseinskultur*
z. Hd. Jürgen Stock
Peterstraße 1
D-97070 Würzburg

Unter dieser Adresse können Sie auch Briefe an den Autor schicken.

Anmerkungen und Zitate

Kapitel 1

1 Lewis Carroll: *Alice hinter den Spiegeln*; zitiert in: Betty Edwards 1990, S. 97

Kapitel 3

1 N. R. Hanson: *Patterns of Discovery*; zitiert in: Betty Edwards 1987, S. 205

2 Camden Benares: *Zen ohne Zen-Meister*, S. 54

3 Aldous Huxley: *Die Pforten der Wahrnehmung*, S. 57

4 Dough Boyd: *Rolling Thunder. Erfahrungen mit einem Schamanen der neuen Indianerbewegung*; zititert in: Aldous Huxley 1989, S. 167

5 Carlos Castaneda: *Der Ring der Kraft*, S. 278

6 J. Krishnamurti: *You are the World*; zitiert in: Betty Edwards 1990, S. 104

Kapitel 4

1 Frederick Franck: *The Zen of Seeing*; zitiert in: Betty Edwards 1990, S. 17

2 Mabel Ellsworth Todd: *The Thinking Body*; zitiert in: Deane Juhan 1992, S. 247

3 Rumi; zitiert in: Luis Ansa 1984, S. 43

Kapitel 5

1 Arthur Koestler: *Die Nachtwandler*; zitiert in: Betty Edwards 1990, S. 40

2 Robert O. Becker: *Der Funke des Lebens*, S. 87

3 ebenda, S. 95

4 Ludwig Wittgenstein: *Tractatus logico-philosophicus*, S. 52

5 Michael Murphy: *Der Quantenmensch*, S. 987 f.

6 ebenda, S. 90

7 ebenda, S. 90

8 Diane v. Weltzien: *Das große Praxisbuch der Aura- und Chakra-Arbeit*, S. 320 f.

9 George Leonard: *The Ultimate Athlete*, S. 68

10 John C. Lilly: *Das Zentrum des Zyklons*, S. 75

11 Long Chen Pa; zitiert in: Wes ›Scoop‹ Nisker 1992, S. 36

12 Ludwig Wittgenstein: *Tractatus logico-philosophicus*, S. 52

Kapitel 6

1 Pierre Derlon: *Die Gärten der Einweihung*, S. 110

2 Robert Ornstein: *Multimind*, S. 37

3 Harley Quin; zitiert in: Wes ›Scoop‹ Nisker 1992

4 Pierre Derlon: *Die Gärten der Einweihung*, S. 153

5 Osho: *Meditation*, S. 215

6 Carlos Castaneda; zitiert in: Johannes Holler 1991, S. 202

7 J. Krishnamurti: *You are the World*; zitiert in: Betty Edwards 1987, S. 281

Kapitel 7

1 Abu Said; zitiert in: Wes ›Scoop‹ Nisker 1992, S. 24

2 Carlos Castaneda: *Der Ring der Kraft*, S. 42/43

3 J. Krishnamurti: *Talks and Dialogues*, S. 251

4 Lao-tse, *Tao-te-King*; zitiert in: Greg Johanson und Ron Kurtz 1991, S. 24

5 Carlos Castaneda: *Der Ring der Kraft*, S. 20

6 Carlos Castaneda: *Der Ring der Kraft*, S. 57

7 C. G. Jung; zitiert in: Frances Vaughan 1993, S. 69

8 Pierre Derlon: *Die Gärten der Einweihung*, S. 153

9 Carlos Castaneda: *Eine andere Wirklichkeit*, S. 15

10 Carlos Castaneda: *Der Ring der Kraft*, S. 278

11 Trungpa Rinpoche; zitiert in: Jeremy W. Hayward 1990, S. 370

12 Frederick Franck: *The Zen of Seeing*; zitiert in: Betty Edwards 1987, S. 62

13 Lao-tse, *Tao-te-King*; zitiert in: Greg Johanson und Ron Kurtz 1991, S. 114

14 Carlos Castaneda: *Die Lehren des Don Juan*, S. 9

15 Camden Benares: *Zen ohne Zen-Meister*, S. 59

16 J. Krishnamurti; zitiert in: Betty Edwards 1990, S. 218

17 Carlos Castaneda: *Eine andere Wirklichkeit*, S. 34

18 Ludwig Wittgenstein: *Tractatus logico-philosophicus*, S. 52

19 Carlos Castaneda: *Eine andere Wirklichkeit*, S. 136

Literaturhinweise

Luis Ansa: *Der Mensch – Gedächtnis des Universums*, München 1984
Dolores Ashcroft-Nowicki: *Magische Rituale*, Freiburg 1986
W. H. Bates: *Perfect Sight Without Glasses*, New York 1920; dt. *Rechtes Sehen ohne Brille*, Bietigheim 1991
Robert O. Becker: *Der Funke des Lebens*, Bern 1991
Camden Benares: *Zen ohne Zen-Meister*, Linden 1979
Dietmar Bittau: *Sehen wie ein Adler*, Aitrang 1989
Dough Boyd: *Rolling Thunder. Erfahrungen mit einem Schamanen der neuen Indianerbewegung*, München 1986
Carlos Castaneda: *Die Lehren des Don Juan*, Frankfurt 1973
Carlos Castaneda: *Reise nach Ixtlan*, Frankfurt 1992
Carlos Castaneda: *Der Ring der Kraft*, Frankfurt 1988
Carlos Castaneda: *Eine andere Wirklichkeit*, Frankfurt 1990
J. C. Cooper: *Illustriertes Lexikon der traditionellen Symbole*, Wiesbaden 1993
Aleister Crowley: *Liber al vel Legis*, Bergen a.d. Dumme 1987
Pierre Derlon: *Die Gärten der Einweihung*, Basel 1991
John C. Eccles: *Wie das Selbst sein Gehirn steuert*, Reinbek 1994
Betty Edwards: *Der Künstler in dir*, Reinbek 1987
Betty Edwards: *Garantiert Zeichnen lernen*, Reinbek 1990
Heinz v. Foerster u.a.: *Einführung in den Konstruktivismus*, München 1992
Frederick Franck: *The Zen of Seeing*, New York 1973
John P. Frisby: *Optische Täuschungen*, Augsburg 1989
Elisabeth Haich: *Die Einweihung*, München 1991
N. R. Hanson: *Patterns of Discovery*, Cambridge 1958
Jeremy W. Hayward: *Die Erforschung der Innenwelt*, Bern 1990
Johannes Holler: *Das neue Gehirn*, Südergellersen 1991
Aldous Huxley: *Die Pforten der Wahrnehmung*, München 1981
Aldous Huxley: *Die Kunst des Sehens*, München 1989
Greg Johanson und Ron Kurtz: *Sanfte Stärke*, München 1991
Deane Juhan: *Körperarbeit*, München 1992
Bela Julesz: *Foundation of Cyclopean Perception*, Chicago 1971
J. Krishnamurti: *Talks and Dialogues*, New York 1968
J. Krishnamurti: *You are the World*, New York 1972; dt. *Du bist die Welt*, Stuttgart 1993
George Leonard: *The Ultimate Athlete*, North Atlantic 1990
John C. Lilly: *Das Zentrum des Zyklons*, Frankfurt 1976
Humberto Maturana und Francisco Varela: *Der Baum der Erkenntnis*, München 1991
Michael Murphy: *Der Quantenmensch*, Wessobrunn 1994
Wes ›Scoop‹ Nisker: *Die Kunst des wilden Denkens*, Frankfurt 1992

Namkhai Norbu: *Traum – Yoga*, Bern 1994
Robert Ornstein: *Multimind*, Paderborn 1989
Osho: *Meditation*, Zürich, Osho International Foundation 1991
Will Parfitt: *Die persönliche Qabalah*, St. Gallen 1990
George Pennington: *Die Tafeln von Chartres*, Düsseldorf 1994
George Pennington: *Der Weg über die Augen*, Paderborn 1994
Jane Roberts: *Die Natur der persönlichen Realität*, München 1992
Serena Roney-Dougal: *Wissenschaft und Magie*, Frankfurt 1993
Wolfgang Schulz-Zehden: *Das Auge – Spiegel der Seele*, Zürich 1992
Shalila Sharamon und Bodo J. Baginski: *Das Chakra-Handbuch*, Aitrang 1988
Rupert Sheldrake: *Das schöpferische Universum*, München 1991
Ralph Strauch: *Das Gleichgewicht des Zentauren*, Paderborn 1994
Mabel Ellsworth Todd: *The Thinking Body*, Brooklyn/New York 1979
Frances Vaughan: *Heilung aus dem Inneren*, Reinbek 1993
Susanne Vogel: *Das Auge – Wunderwerk der Schöpfung*, Bad Liebenzell 1989
Diane v. Weltzien: *Das große Praxisbuch der Aura- und Chakra-Arbeit*,
München 1993
Robert Anton Wilson: *Der neue Prometheus*, Reinbek 1987
Stephen Wolinsky: *Quantenbewußtsein*, Freiburg 1994
Ludwig Wittgenstein: *Tractatus logico-philosophicus*, Frankfurt 1970
Gary Zukav: *Die tanzenden Wu Li Meister*, Reinbek 1991

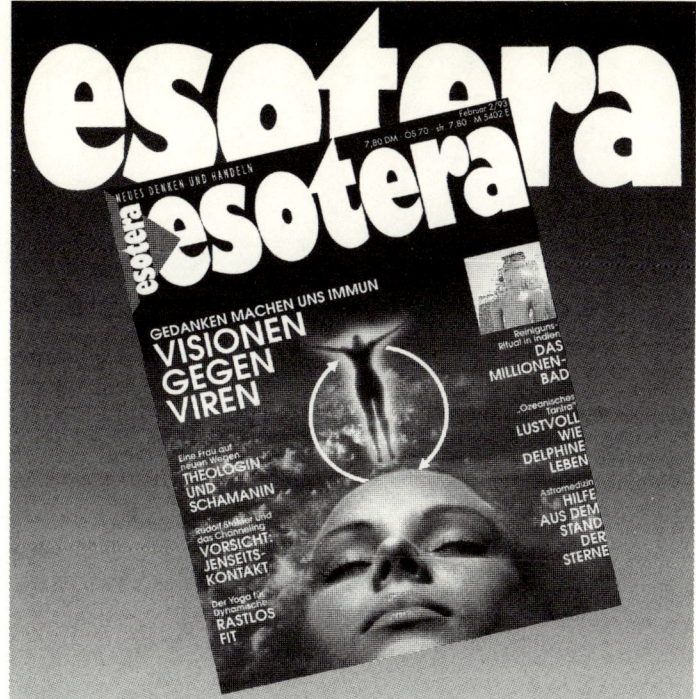

Die neuen Dimensionen des Bewußtseins

esotera
seit vier Jahrzehnten das führende Magazin für Esoterik und Grenzwissenschaften: Jeden Monat auf 100 Seiten aktuelle Reportagen, Hintergrundberichte und Interviews über **Neues Denken und Handeln** Der Wertewandel zu einem erfüllteren, sinnvollen Leben in einer neuen Zeit.
Esoterische Lebenshilfen
Uralte und hochmoderne Methoden, sich von innen heraus grundlegend positiv zu verändern.
Ganzheitliche Gesundheit
Das neue, höhere Verständnis von Krankheit und den Wegen zur Heilung – und vieles andere.

Außerdem: ständig viele aktuelle Kurzinformationen über **Tatsachen die das Weltbild wandeln.** Sachkundige Rezensionen in den Rubriken **Bücher, Klangraum, Film und Video** sowie **Alternative Angebote.** Im **Kursbuch** viele Seiten Kleinanzeigen über einschlägige **Veranstaltungen, Kurse und Seminare** in Deutschland, Österreich, der Schweiz und im ferneren Ausland.

esotera erscheint monatlich. Probeheft kostenlos bei Ihrem Buchhändler oder direkt vom Verlag Hermann Bauer KG, Postfach 167, 79001 Freiburg

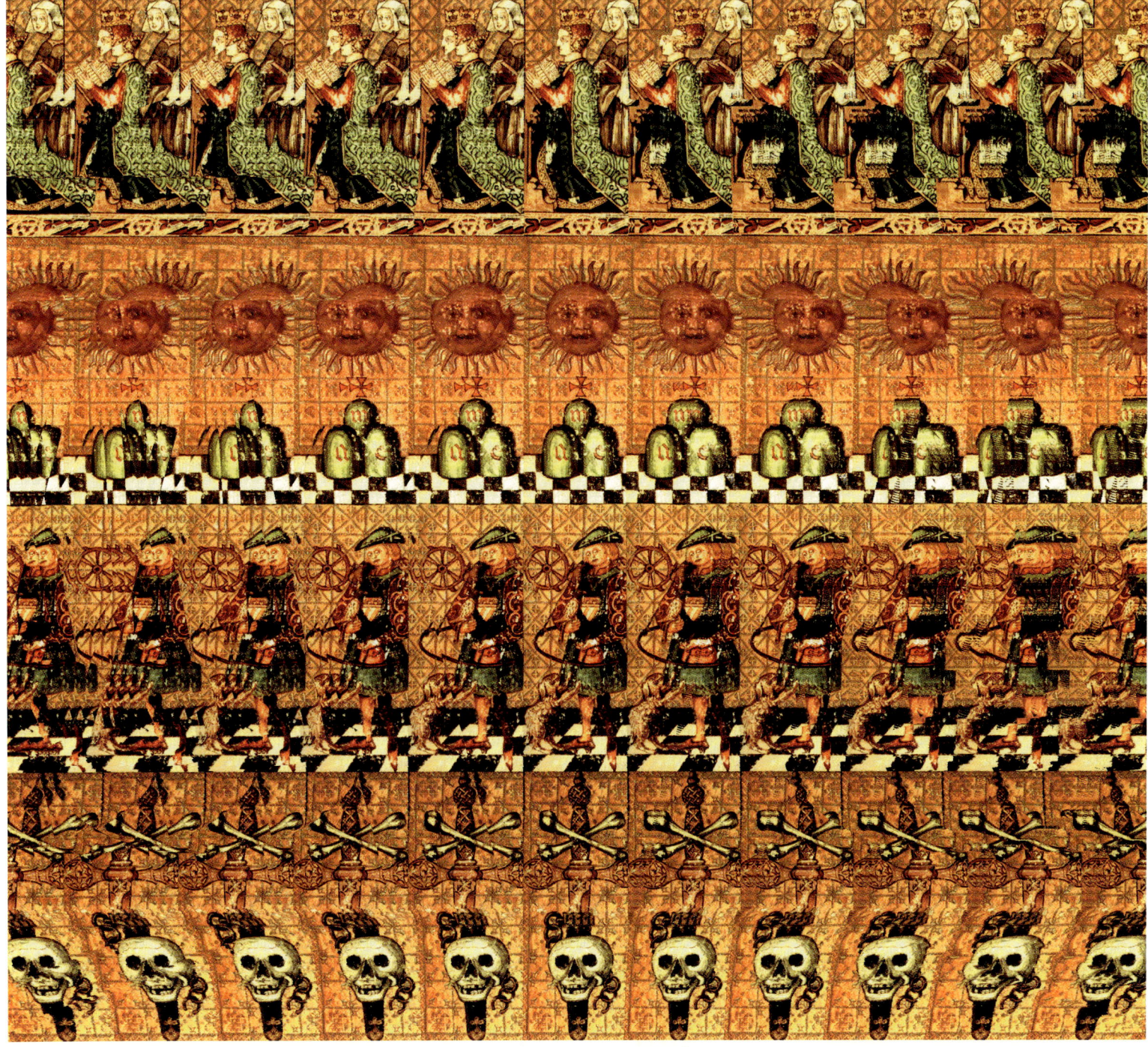

Tarotkarte VIII: Die Gerechtigkeit
(Die Ausgleichung)

Dieses Bild stellt die achte Karte der großen Arkana im Tarot dar. Es ist die Gerechtigkeit bzw. die Ausgleichung im Crowleyschen System. In der oberen Bildhälfte sehen Sie das Zeichen für die Waage mit dem Symbol der Venus, die den korrekten astrologischen Zuordnungen entsprechen. In den Waagschalen liegen die Buchstaben Alpha und Omega, die für Totalität, den Anfang und das Ende des Universums stehen. Wie das hinduistische OM symbolisieren sie die Unendlichkeit.

Die Karte steht für Ausgeglichenheit, Objektivität und Gleichgewicht, wie es in der vollkommenen Balance der beiden Waagschalen sehr schön zum Ausdruck kommt.

Die Zahl dieser Karte ist die 8, die wie keine andere sowohl die Unendlichkeit (als Lemniskate; die liegende 8) als auch den Ausgleich repräsentiert; teilt sie sich doch in immer gleiche Zahlen: 8 : 2 = 4; 4 : 2 = 2; 2 : 2 = 1.

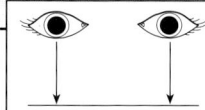

Das Pentagramm

Als eines der zentralsten Symbole der Magie steht der Fünfstern für die Herrschaft des Geistes über die Materie. Der Magier bannt und evoziert mit dem Drudenfuß die Elementargeister.

Das Pentagramm symbolisiert die Gestalt eines Menschen mit ausgestreckten Armen und Beinen, den menschlichen Mikrokosmos. Ohne Anfang und Ende besitzt es – ähnlich wie der Kreis – Macht und Vollkommenheit. Ein auf dem Kopf stehender Fünfstern repräsentiert die Herrschaft der Materie über den Geist und wurde deshalb oft als teuflisches Symbol verstanden.

Die graphische Oberfläche dieser Tafel wird von einem Stück Nußbaumholz gebildet, das unglaubliche Muster und Formen aufweist. Die Textur wurde völlig natürlich belassen und zeigt auf wunderschöne Weise, wieviel Geist doch in der Materie steckt.

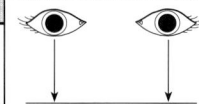

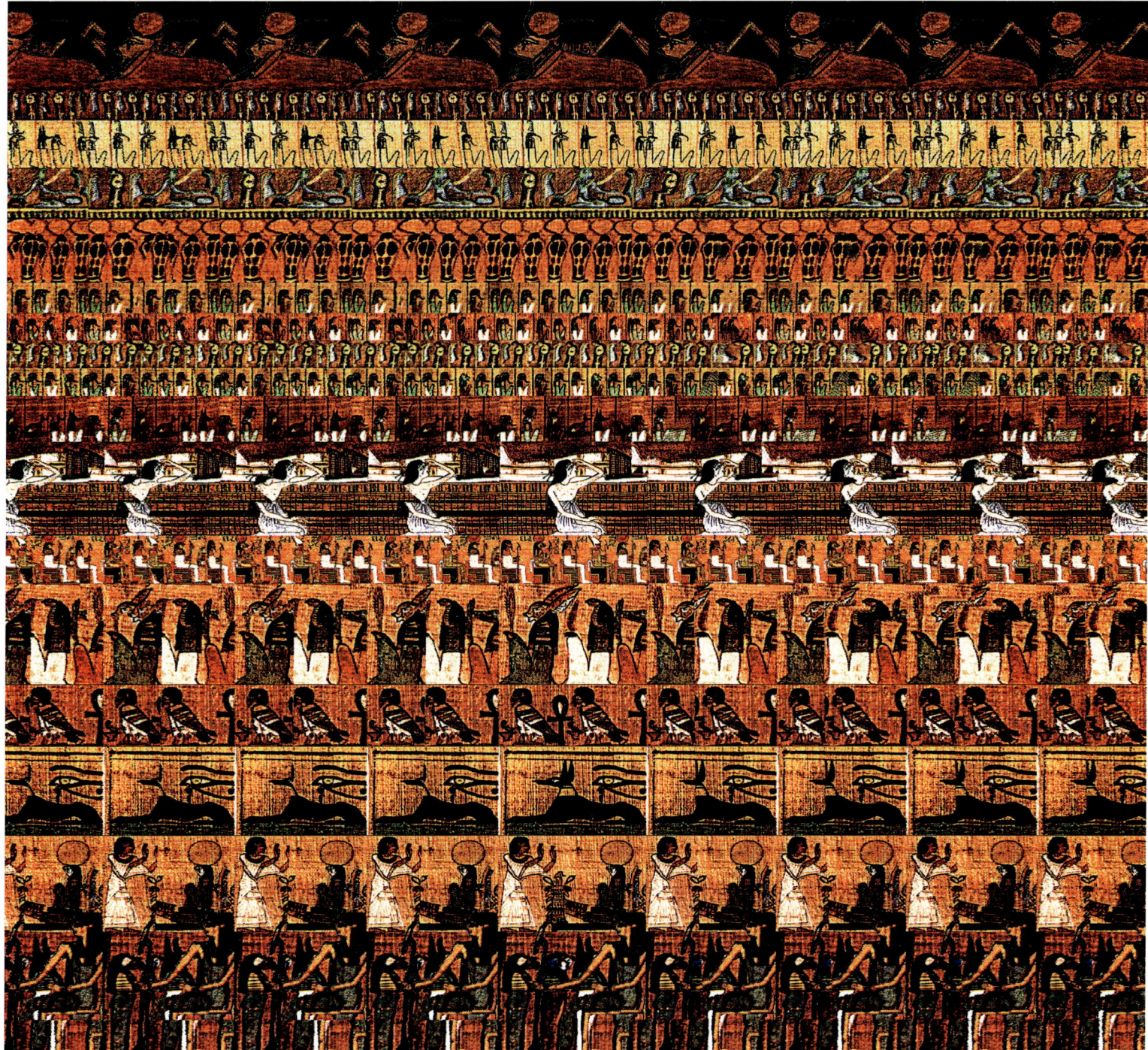

Das Ankh (Henkelkreuz)

Das ägyptische Symbol des Lebens schlechthin. Man kann dieses Zeichen durchaus als ägyptisches Äquivalent des Yin-Yang-Zeichens der Chinesen verstehen. Es repräsentiert das gesamte Universum und wirkt als Schlüssel zum Erkennen verborgener Geheimnisse und Weisheiten. Der Träger des Henkelkreuzes ist Inhaber von Macht und Autorität.

Im Ankh verbinden sich weibliche und männliche Elemente. In der Schlaufe kommt das weibliche Isissymbol (Erde) zum Ausdruck, und das Kreuz versinnbildlicht das männliche Prinzip des Osiris (Himmel); Kräfte, die in ihrem Zusammenspiel das gesamte Universum hervorbringen.

Das Ankh gilt auch als Zeichen der Unsterblichkeit.

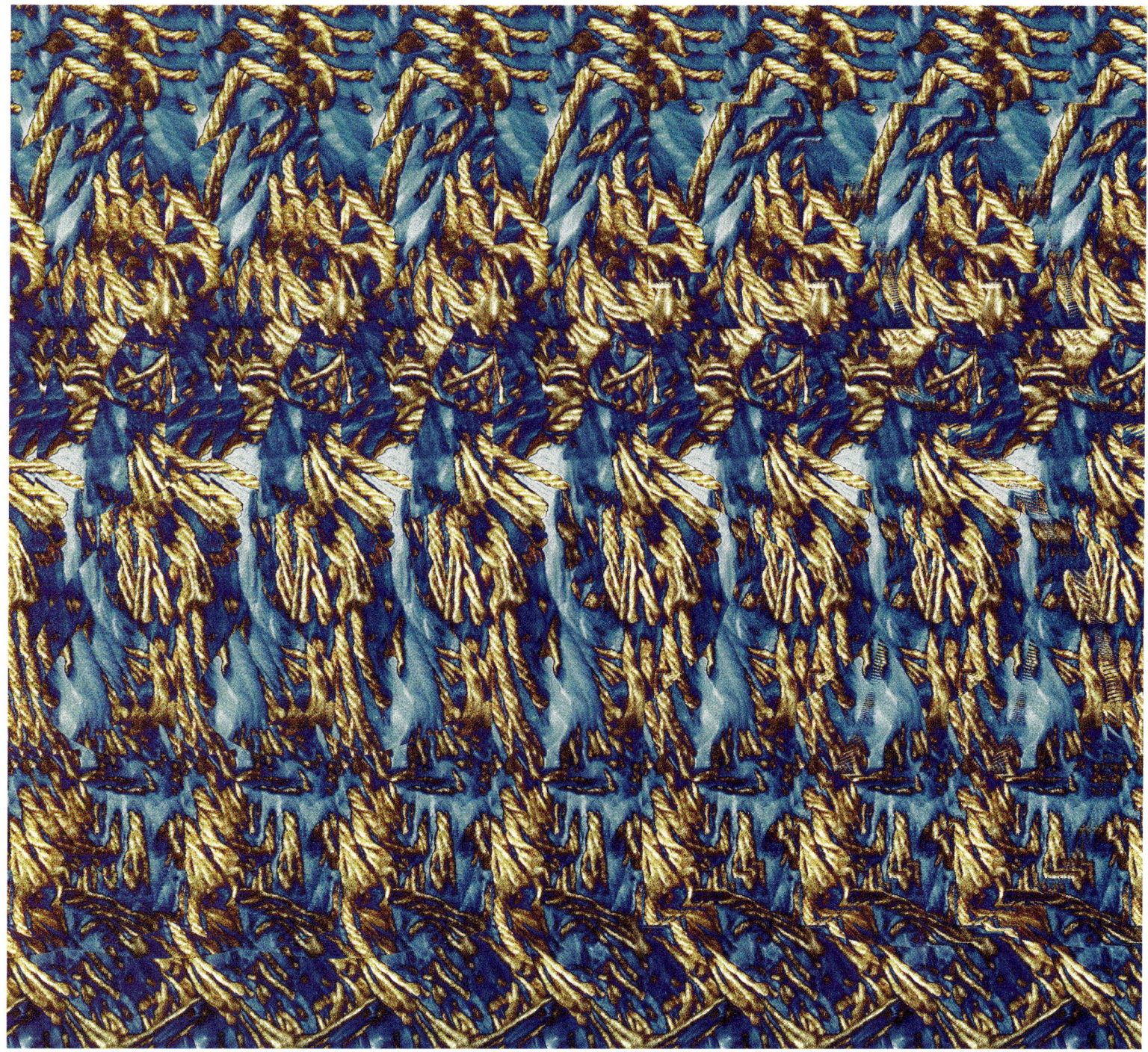

Der gordische Knoten

Der Knoten ist ein doppeldeutiges Symbol, da er alle Kräfte des Bindens und Lösens in sich trägt. Er steht für Verbindungen aller Art: Verträge, Beziehungen, Schicksalsbindungen. In der Hand von Zauberern können Knoten zu magischen Werkzeugen und damit zu Zeichen für Macht und Wirkungskraft werden. In einigen magischen Systemen zeigt die Anzahl der Knoten im Gürtel des Adepten dessen Stufe des Fortschrittes an. Werden Knoten hingegen gelöst, bedeuten sie Freiheit und Unabhängigkeit und das Entwirren von Problemen. Im Buddhismus ist der mystische Knoten eines der acht Glückszeichen und steht für die Ewigkeit und Fortdauer des Lebens.

Bei den Chinesen steht der Knoten für die Bindung des Guten und die Abwehr des Bösen.

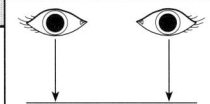

Yin-und-Yang

Eines der universellsten Symbole überhaupt.

Yang, das männliche Prinzip, und Yin, der weibliche Aspekt, symbolisieren alle komplementären Gegensätze des geteilten, dualistischen Universums. In diesem Zeichen durchdringen sich beide Prinzipien. Die eine Kraft enthält in sich auch immer den Keim der anderen. Im Yin-Yang-Zeichen sind diese beiden Kräfte in vollkommenem Gleichgewicht. Dieses Gleichgewicht ist Wandel, Wechsel und ständige Veränderung. Das Leben *ist* Wandlung. Der Kreis symbolisiert das TAO, das nicht benannt werden kann.

In der Textur des Bildes sehen Sie die zwölf chinesischen Sternzeichen; kosmische Energien, die aus dem Wechselspiel der beiden Urkräfte heraus geboren werden.

Die chinesischen Zeichen sind in der Reihenfolge ihres Auftretens (von oben nach unten): Affe, Hahn, Kaninchen, Hund, Schwein, Schaf, Stier, Ratte, Pferd, Drache, Schlange, Tiger.

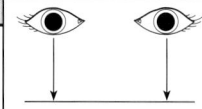 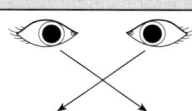

Anahata-Chakra (Herzchakra)

Das vierte Chakra, auch Herzzentrum genannt, bildet den Mittelpunkt des gesamten Chakrensystems. Sein Symbol ist das Hexagramm, wie Sie es im Zentrum des Mandalas sehen können. Das Sechseck ist hier ein Symbol für die Durchdringung der Energien der oberen und unteren drei Chakren.

Dieses Chakra ist der Sitz bedingungsloser Liebe zu sich selbst und anderen. Es wird oft auch als Sitz des höheren Selbst oder des heiligen Schutzengels angesehen. Von diesem Zentrum gehen sehr große Transformationskräfte aus, die uns im Grunde unseres Wesens berühren und verwandeln können. Diesem Energiezentrum wird die Farbe der Natur – Grün – zugeordnet.

Das Mandala ist die Entsprechung der Energie dieses Chakras auf visueller Basis und kann zu ihrer Stimulation in der Meditation verwendet werden.

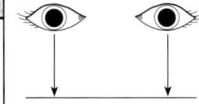

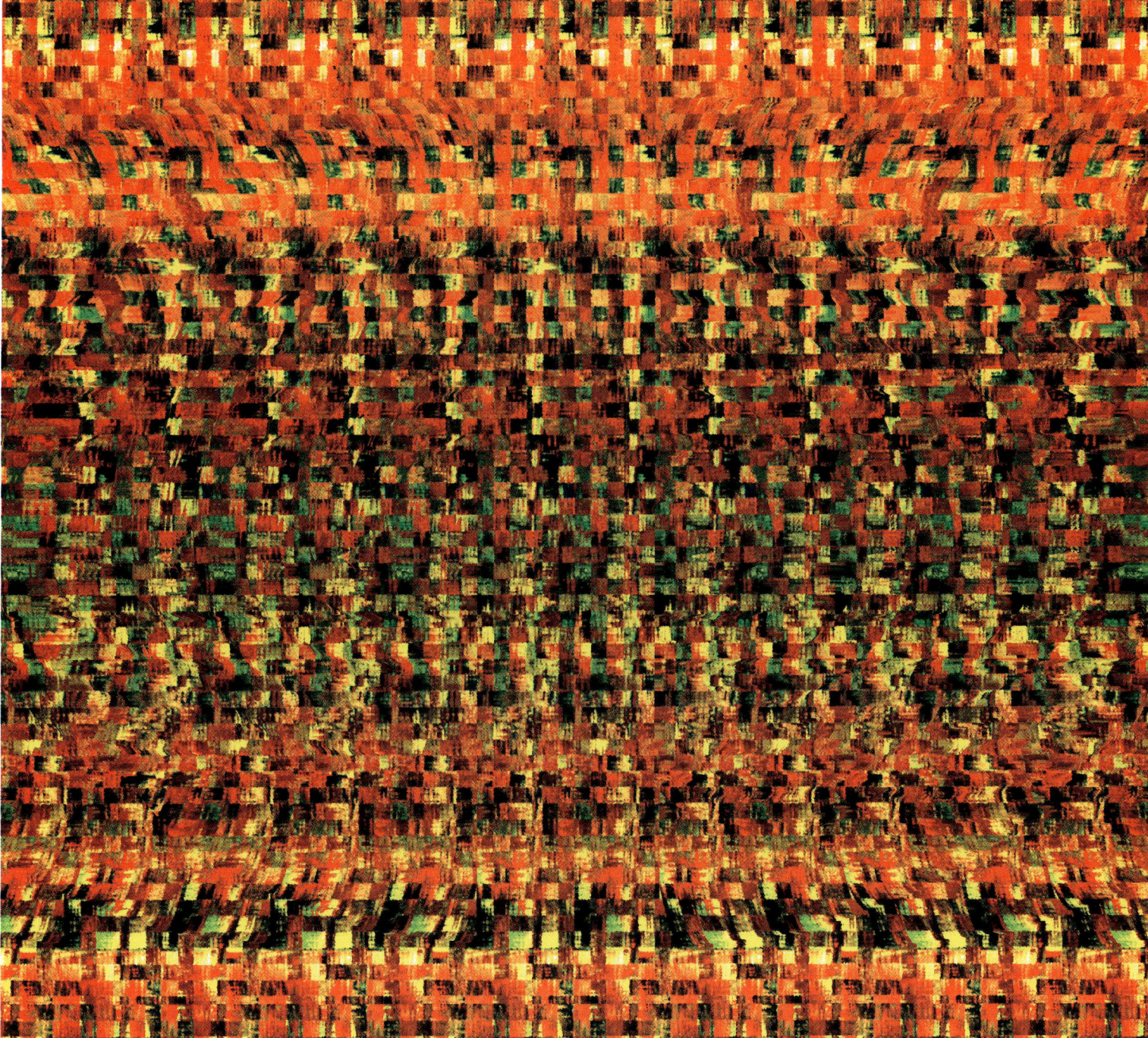

Minotaurus (Das Labyrinth)

Das Labyrinth ist ein äußerst vielschichtiges und tiefgründiges Symbol. Es steht für die Rückkehr zum Zentrum, zum Urgrund, und versinnbildlicht Initiation und Erleuchtung nach dem Überwinden der Schwierigkeiten und Illusionen des Lebens. Es ist ein Prüfstein für die Seelenreise des Menschen und kann auch für Verwirrung und Gefahr stehen. Das Labyrinth ist ein Bild für die Unendlichkeit und Unergründlichkeit der Welt. Es führt uns zum Zentrum des Seins, wo wir niemand anderem als uns selbst begegnen.

Diejenigen, die es ohne jedes Wissen betreten, verirren sich. Nach Durchschreiten des Labyrinths findet der Mensch den Heiligen Gral und entkommt dem Rad des Karmas.

Das Labyrinth hat viel mit dem Symbol der Spirale gemeinsam. In ein Labyrinth hineinzugehen ist gleichbedeutend mit Tod und Sterben. Kehrt man zurück, ist man wiedergeboren.

Zu unserem Labyrinth gibt es eine wundervolle Übung, die Sie jederzeit durch-führen können, um in Ihrem Unbewußten bereits existierende Antworten auf Fragen zu bekommen, die Sie momentan beschäftigen.

Verfahren Sie dazu wie folgt:

Begeben Sie sich an den Anfang des Labyrinths und behalten Sie Ihre Frage im Kopf. Durchlaufen Sie es dann langsam Pfad für Pfad, während Sie Ihr Problem von möglichst vielen Seiten beleuchten. In der Mitte angekommen, ruhen Sie sich ein wenig aus und warten auf die Antwort, die aus den Tiefen Ihres Geistes zu Ihnen aufsteigen will. Haben Sie diese bekommen, laufen Sie den Weg wieder zurück und betrachten wiederum die unterschiedlichen Aspekte Ihrer Fragestellung, dies-mal mit einer möglichen Lösung im Hintergrund.

Je öfter Sie diese Methode verwenden, desto leichter und zuverlässiger wird sie funktionieren. Vertrauen Sie auf Ihre Intuition.

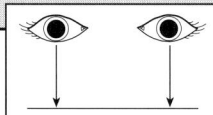

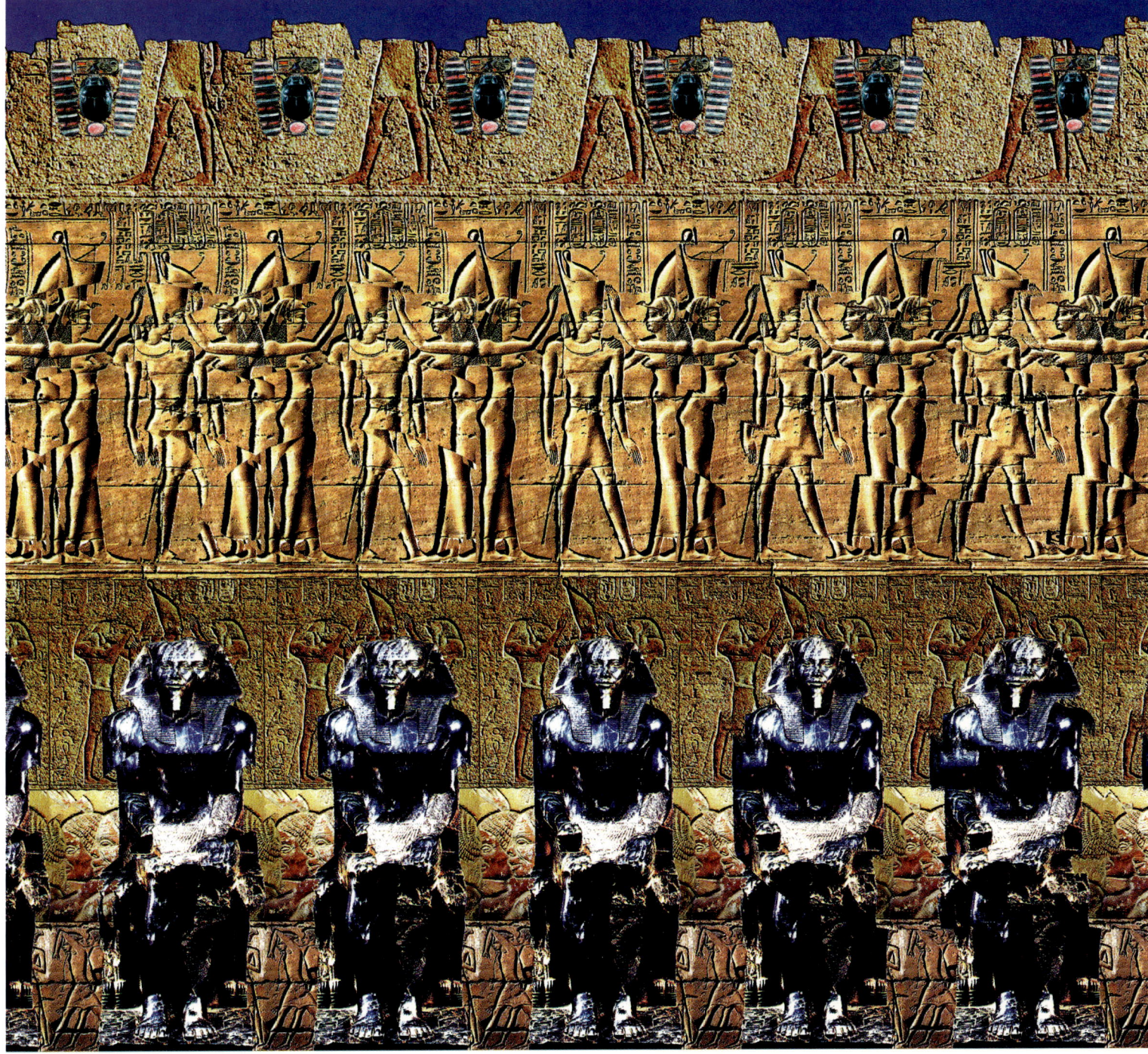

Das Auge des Horus

Dieses Bild steht für Erleuchtung und Allwissenheit. Horus ist der ägyptische Sonnengott und symbolisiert die Kraft, die das Dunkel überwindet. Es wird oft auch dargestellt als das »Auge in der Pyramide« und steht dann für das alles-sehende Auge und Allwissenheit. In der christlichen Tradition wird es auch als das Auge Gottes bezeichnet. Da dieses Symbol den Rahmen der Sprache sprengt, hier eine Übung, um es erfahrbar zu machen.

Betrachten Sie das Auge in der 3. Dimension als Objekt. Dann kehren Sie diese Betrachtensweise um und tun so, als würden Sie – als das Auge – sich selbst als Objekt sehen. Klingt merkwürdig, ich weiß, aber versuchen Sie es! Erst ist das Auge das Objekt der Betrachtung – dann sind Sie es. Achten Sie darauf, wieviel Energie während dieser Übung in Ihnen frei wird. Diese Übung kann, nur ein paar Minuten täglich angewandt, zu einem beträchtlichen Energiezuwachs führen.

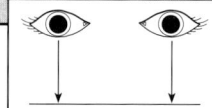

Der Caduceus (Herolds- oder Merkurstab)

Die Flügel des Caduceus symbolisieren Transzendenz und die Luft. Die beiden Schlangen, die sich um den Stab herumwinden, stehen für die dualistischen Gegensätze, die in dem Stab ihre Vereinigung finden. Es sind die Schlangen von Licht und Dunkel, Gesundheit und Krankheit, Heilung und Gift. Sie deuten auf das in der Homöopathie geltende Gesetz hin, wonach Gleiches mit Gleichem behandelt werden kann. Der Heroldsstab verkörpert die heilende Versöhnung der Gegensätze von Gut und Böse, Feuer und Wasser und repräsentiert die Macht der Transformation, das »solve et coagula« des alchimistischen Prozesses. Der Caduceus wird auf vielen Darstellungen von Hermes, dem Götterboten, getragen und ist dann ein Symbol des Friedens und der Gesundheit. Er versinnbildlicht die Kräfte der Sonne und des Mondes und steht sowohl mit den Chakren als auch mit dem Baum des Lebens der Kabbalah in enger Beziehung. Der Caduceus kann durch die Kraft Ihrer Imagination ein mächtiges Heilsymbol werden.

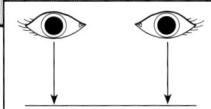

Solaris (Die Sonne)

Die Sonne ist das Herzstück unserer Galaxie und ermöglicht erst das Leben auf unserem Planeten. Sie gilt als Symbol der Erleuchtung und der Herrlichkeit Gottes. Sie ist die lebenspendende Kraft, die im Zusammenspiel mit dem Wasser die notwendige Voraussetzung für die Entstehung allen Lebens ist. In der Kabbalah ist sie Tiphareth, der Sitz des höheren Selbst, des heiligen Schutzengels. Ihre Farbe ist ein goldenes Gelb, und ihr Sitz im System der Chakren ist das Herzzentrum, von dem aus das Licht erstrahlt, das alle anderen Energiezentren heilen und transformieren kann. Sie steht für die höchste kosmische Macht und ist der unmittelbarste Ausdruck für die alles-sehende Gottheit. Im alchimistischen Prozeß ist die Sonne der Intellekt; der König, der die Schleier der Unwissenheit durchdringt. Die Sonne ist eine aktive Kraft, das Yang der Chinesen und ein männliches Prinzip. In der Astrologie steht sie für Energie, Leben und Kraft und symbolisiert Selbstbewußtsein und den Ausdruck der eigenen Persönlichkeit.
In der graphischen Oberfläche sehen Sie die Symbole der anderen neun astrologischen Planeten (von oben nach unten): Uranus, Mars, Jupiter, Merkur, Neptun, Saturn, Mond, Venus, Pluto.

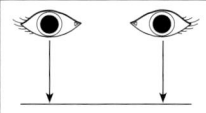

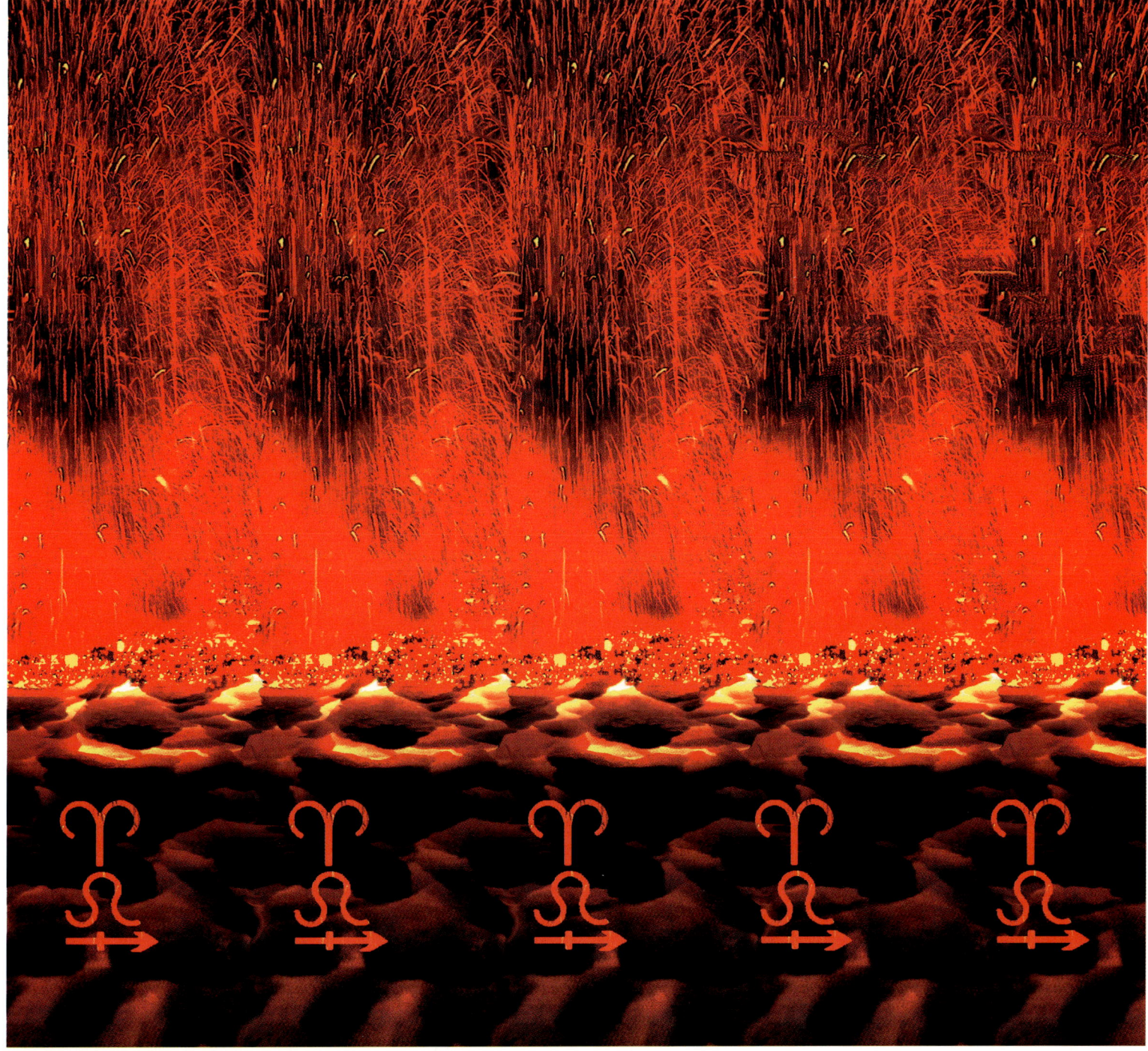

Die Elemente: Feuer

Die Symbolik der vier Elemente sowie die der anderen Bilder in diesem Buch ist so komplex und vielschichtig, daß der Platz nicht ausreicht, um der Tiefe ihrer Bedeutung gerecht zu werden. Doch Worte, seien sie auch noch so zahlreich und gut gewählt, werden bei solchen Bildern immer versagen. Die Stichworte zu diesen Symbolen können deshalb nur Anregungen für die weitergehende Arbeit mit den in Bilder gefaßten psychischen Strukturen sein. Das, worauf es wirklich ankommt, ist Ihre Beschäftigung mit diesen Kräften in der Meditation. Nur so können die Symbole in ihrer tiefsten Bedeutung verstanden werden.

Feuer ist das schöpferische Prinzip, männlich, aktiv. Die *Kraft*.

Feuer ist der erste Impuls der Schöpfung, Handlung; es steht für den Willen in uns und entspricht den Stäben im Tarot und den Rittern bei den Hofkarten.

Die Kraft des Feuers wirkt umwandelnd, läuternd und erneuernd. Sie ist reine Energie, Kraft und Macht. Das Feuer steht für Licht und Erleuchtung, Weisheit und Schnelligkeit, aber auch für Gefahr und Wildheit. Auch unsere Sexualität läßt sich diesem Element zuordnen.

Es besitzt solare Yang-Energie. In der christlichen Tradition stehen Feuerzungen für den Heiligen Geist. Das dem Feuer zugeordnete Symbol ist ein rotes, mit der Spitze nach oben gerichtetes Dreieck; dies ist gleichzeitig auch der Tattwa-Eingang in das Reich des Elementes Feuer. (Tattwa bezeichnet einen elementaren Schwingungszustand, und bestimmte Symbole sind die geistigen Türen zu diesen Ebenen.) Die Elementargeister dieses Reiches sind die Salamander.

Die magische Waffe dieses Elementes ist der Stab, der Autorität und magische Kraft symbolisiert.

Die astrologischen Zeichen dieses Elementes sind: Widder, Löwe, Schütze

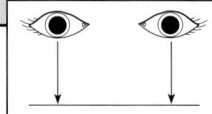

Die Elemente: Wasser

Das passive, empfangende, weibliche Prinzip. Das *Muster.* Wasser steht für die Kraft der Liebe und der Gefühle in uns. Es wird den Kelchen im Tarot und den Königinnen bei den Hofkarten zugeordnet.

Das Wasser ist der Schoß, der die Kraft des Feuers aufnimmt, um daraus neues Leben entstehen zu lassen. Wasser wird oft mit dem Unbewußten und Verborgenen in uns gleichgesetzt. Es repräsentiert lunare Yin-Energie. Es steht für das Fließende, Weiche und Nachgiebige in uns, aber auch für Intuition und Sensibilität sowie die Welt der Gefühle und intuitiven Fähigkeiten.

Das dem Wasser zugeordnete Tattwa-Symbol ist eine silberne Mondsichel. Die Elementargeister dieser Ebene sind die Undinen. Das magische Werkzeug dieses Elementes ist der Kelch, der die offene, rezeptive und weibliche Form versinnbildlicht.

Dem Element Wasser werden folgende Sternzeichen zugeordnet: Krebs, Fische, Skorpion.

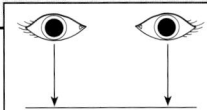

Die Elemente: Luft

Die formende Energie, männlich. Die *Aktivität*.

Das Element Luft steht für den Intellekt, dessen Ausdehnung und die Energie, die gestaltend wirkt: Ordnung.

Luft entspricht den Schwertern im Tarot und den Prinzen (Rittern) der Hofkarten.

Das luftige Element wird der Kommunikations- und Erkenntnistätigkeit zugeordnet. Es symbolisiert unser Unterscheidungsvermögen, die Sprache und alle mit dem Denken verbundenen Abläufe.

Das dem Element Luft zugeordnete Symbol ist ein hellblauer Kreis. Die in diesem Element wohnenden Geister sind die Sylphen.

Die magische Waffe dieses Elementes ist das Schwert, das Macht, Einsicht und Urteilskraft symbolisiert.

Die Sternzeichen des Elementes Luft sind: Wassermann, Waage, Zwillinge.

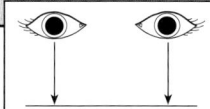

Die Elemente: Erde

Das materielle, weibliche Prinzip. Die *Form*. Mutter Erde.
Dieses Element steht für Substanz und ihre Ausarbeitung.
Im Tarot entspricht die Erde den Scheiben/Münzen/Rädern und den Prinzessinnen der Hofkarten.
Die Erde ist die »Große Mutter«, die Ernährerin und das universelle Urbild für Fruchtbarkeit und Nahrung. Alles Feste, Materielle, Greifbare wird dem Element Erde zugewiesen.
Erde symbolisiert Struktur, Festigkeit, Materie, Realität, das Greifbare.
Das der Erde zugehörige Symbol ist ein gelbes Quadrat, und die auf diesen Ebenen ansässigen Geister sind die Gnome. Die magische Waffe des Elementes Erde ist das Pentakel oder das Rad; es repräsentiert die Verbindung des Magiers zur Erde.
Dem Element Erde werden folgende Sternzeichen zugeordnet: Stier, Steinbock, Jungfrau.

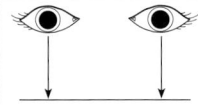

Krebs (Cancer)

Auf dieser Karte sehen Sie einen Krebs und sein astrologisches Symbol, die 69. Der Krebs wird dem Element Wasser zugeordnet. Aus diesem Grund ist das Hauptmerkmal des Krebses auch seine Emotionalität. Ihm werden fürsorgende und mütterliche Eigenschaften nachgesagt. Der Krebs besitzt in vielen Fällen ein weiches und sensibles Wesen. Es ist das einzige Tierkreiszeichen, das vom Mond regiert wird.

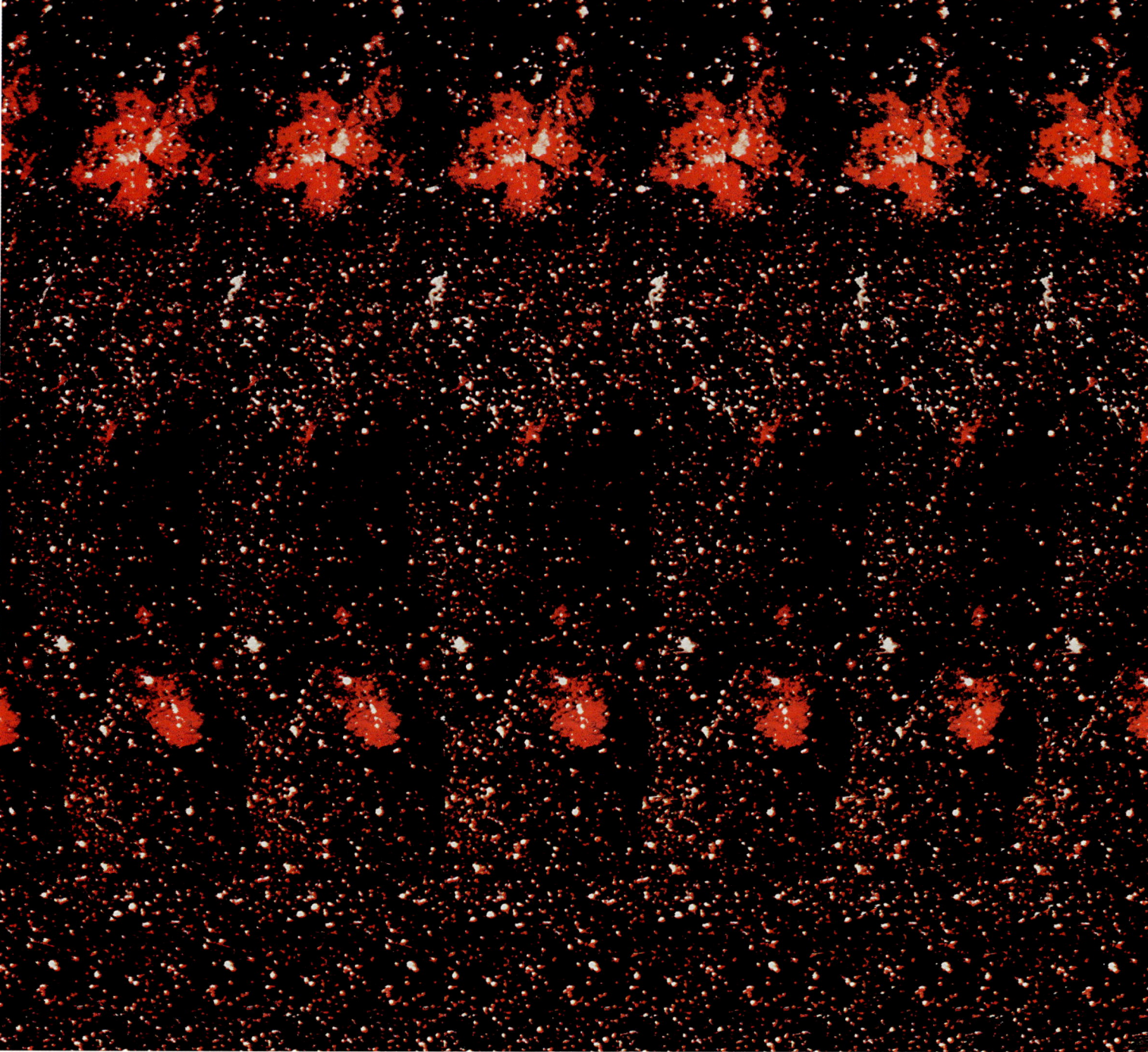

»Black hole« (Die Spirale)

Ein uraltes und äußerst komplexes Symbol: Es verkörpert die solaren und lunaren Mächte in ihrem Wechselspiel und gilt als Symbol der Seelenreise des Menschen.

Die Spirale bedeutet Unendlichkeit, denn sie kann immer weiter fortlaufen.

Sie kommt vom Ursprung und kehrt wieder in ihn zurück; sie ist ein Kontinuum und veranschaulicht dabei die Zyklen des Wandels. Die Spirale bewegt sich von der Ordnung zum Chaos, vom Bewußten zum Unbewußten und versinnbildlicht dabei das Streben und Wachsen hin zur Ganzheit. Jede Windung der Spirale ist ein abgeschlossener Zyklus in der Entwicklung des Ganzen. Der Abschluß ist dabei gleichzeitig ein Neubeginn. An jeder Windung stirbt etwas Altes, und Neues kann entstehen. Sie symbolisiert wie kein anderes Bild den Satz: »Jede Ursache ist die Wirkung ihrer eigenen Wirkung.«

Wird Ihnen bei diesem Satz schwindelig?

Willkommen, denn dann Sie sind bereits inmitten des sphärischen Spiralwirbels.

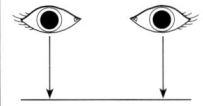 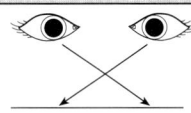

Traum-Yoga

In der 3. Dimension finden Sie den tibetischen Buchstaben A. Mit diesem A hat es eine besondere Bewandtnis: Es kann Ihnen nämlich sehr schnell zu luziden Träumen verhelfen.

Prägen Sie sich hierzu das A in der dritten Dimension so lange ein, bis Sie es klar und deutlich vor Ihrem inneren Auge sehen können. Wenn Sie zu Bett gehen, stellen Sie sich dieses A in Ihrer Körpermitte vor und hören Sie den Klang dieses Aaaaahs.

Versuchen Sie während der Phase des Einschlafens Ihr Bewußtsein auf das A gerichtet zu halten und dieses Bewußtsein in den Schlaf hinüberzuretten. Dann kann es passieren, daß Sie sofort einen Klartraum haben. Eine andere Möglichkeit ist, daß Ihre Träume sehr merkwürdig werden und Sie das Gefühl bekommen, noch nie auf eine solche Art geträumt zu haben. Gehen Sie deshalb bedächtig ans Werk, und brechen Sie nichts übers Knie. Dies ist eine sehr machtvolle Methode.

Die Idee hierzu stammt aus dem Buch *Traum-Yoga* von Namkhai Norbu (Bern 1994).

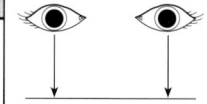

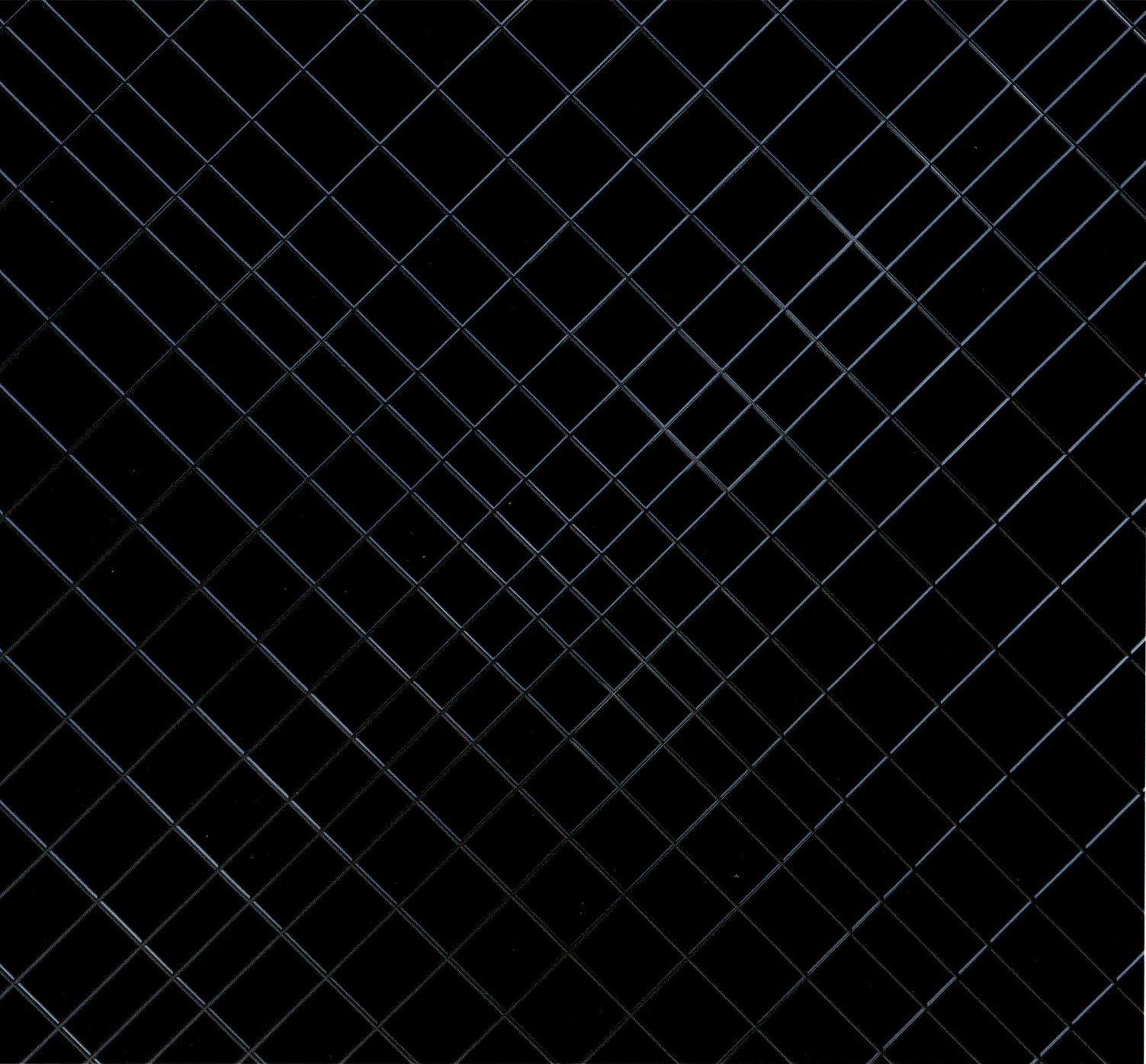

Netzwerk

Dieses Bild bietet eine hervorragende Gelegenheit, das sanfte Wechseln zwischen verschiedenen Ebenen des Betrachtens zu üben.

Schauen Sie auf die erste Ebene, und Sie werden bemerken, wie einzelne Querverstrebungen ein wenig aus dieser Ebene herauszuhüpfen scheinen. Wenn Sie diesen Bewegungen folgen, werden Sie auf immer höhere Ebenen hinaufgetragen, bis Sie am Ende dieser Reise, fast ohne Ihr Zutun, in einem mächtig veränderten Bewußtseinszustand angelangt sind. An diesem Punkt entfaltet der magische Blick seine stärksten psychischen Auswirkungen. Dieses Bild ist ebenfalls für die divergente Betrachtungsweise geeignet.

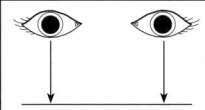 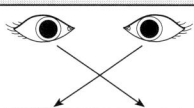

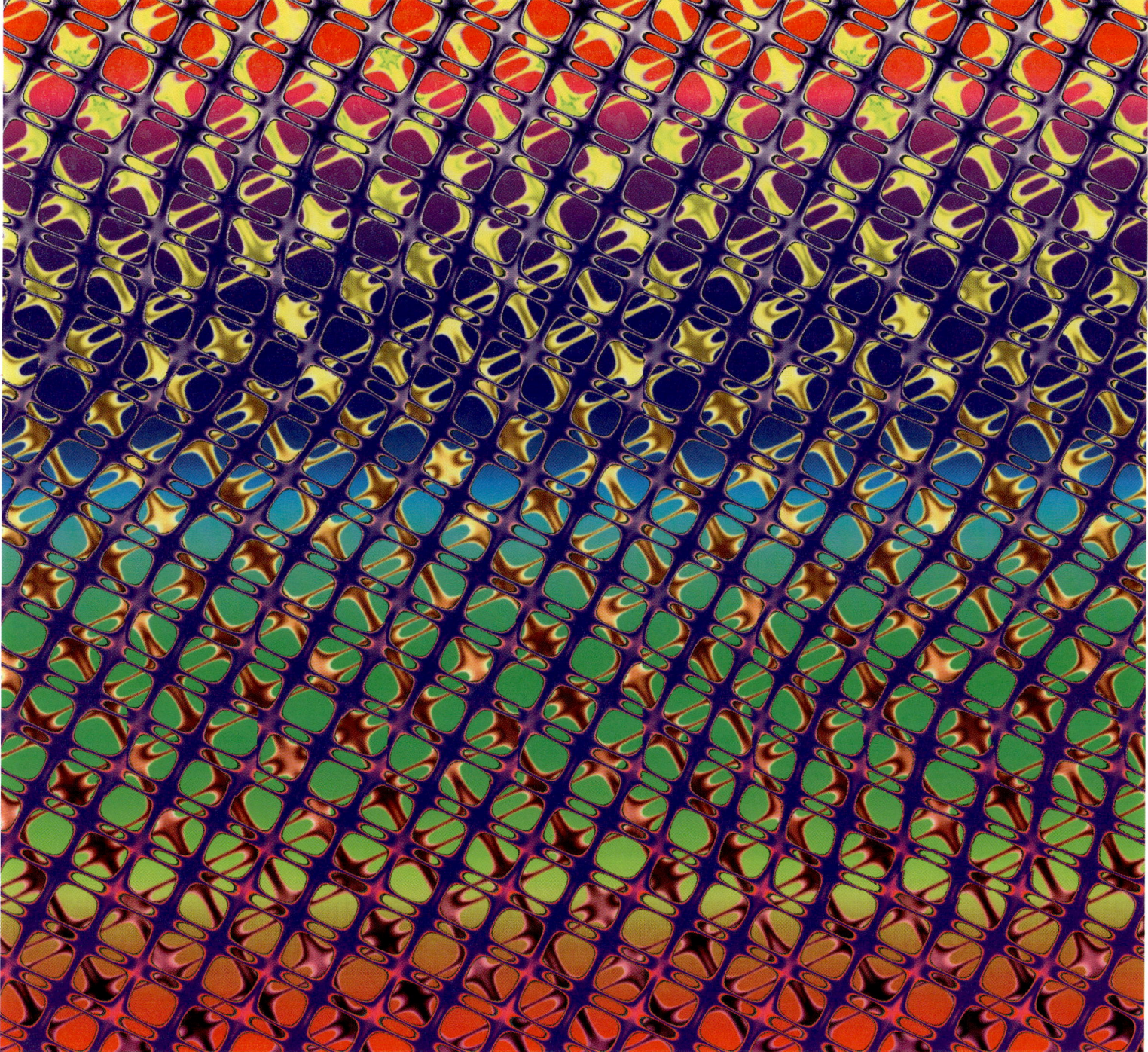

Cosmic Trigger

Mit diesem Bild können Sie lernen, auf ganz subtile Weise die Akkommodationsfähigkeit Ihrer Augen zu trainieren. Es besteht aus zwei Ebenen. Wenn Sie die erste Ebene scharf stellen, erscheint die darunterliegende leicht verschwommen; umgekehrt verhält es sich genauso. Sie können jetzt versuchen, zwischen den Ebenen hin und her zu wechseln, ohne aber dabei die 3. Dimension aus den Augen zu verlieren. Dies erfordert eine sehr differenzierte Beherrschung des magischen Blickes.

Lassen Sie sich von der Tiefe des Bildes verzaubern, während Sie darin umherwandern.

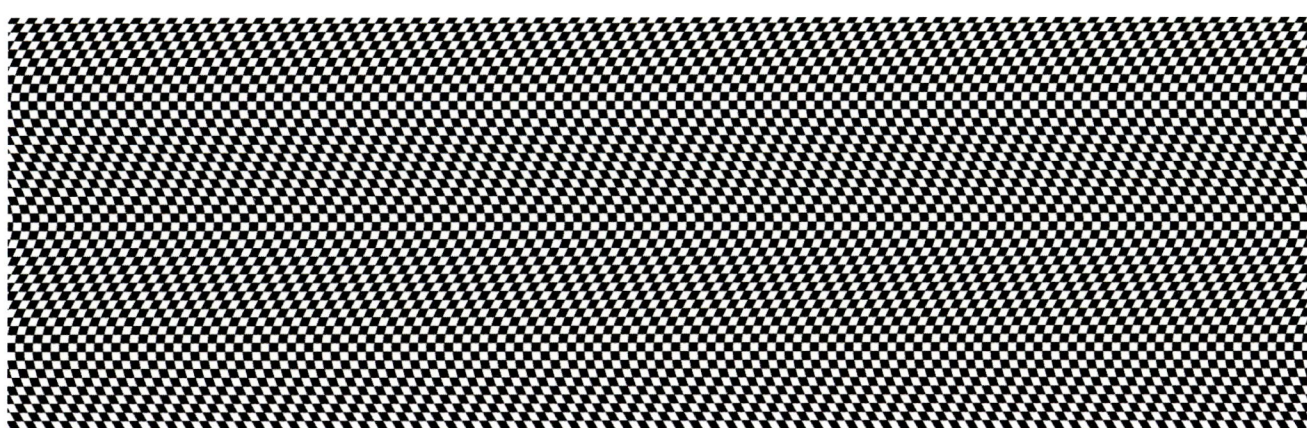

Hypersight

Auf dieser Bildkarte sehen Sie die im Text schon erwähnten Kreise der Tafeln von Chartres, ein Feld mit Op-Art-Mustern und zwei Tattwareihen, die zum Üben und Erlernen des Hypersights konzipiert wurden, wie es im Abschnitt »Luzide Träume« ausführlich geschildert wird.

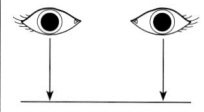
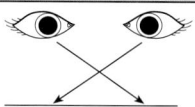